BIBLIOTHÈQUE ROSE ILLUSTRÉE

LA SŒUR
DE GRIBOUILLE

PAR

Mme LA COMTESSE DE SÉGUR

NÉE ROSTOPCHINE

OUVRAGE ILLUSTRÉ DE 71 VIGNETTES

PAR CASTELLI

NOUVELLE ÉDITION

PARIS

LIBRAIRIE DE L. HACHETTE ET Cie

BOULEVARD SAINT-GERMAIN, N° 77

PRIX : 2 FRANCS

LA SŒUR DE RIBOUILLE

LA SŒUR
DE GRIBOUILLE

PAR

Mme LA COMTESSE DE SÉGUR

NÉE ROSTOPCHINE

OUVRAGE ILLUSTRÉ DE 72 VIGNETTES

PAR CASTELLI

CINQUIÈME ÉDITION

PARIS

LIBRAIRIE DE L. HACHETTE ET Cie

BOULEVARD SAINT-GERMAIN, N° 77

1868

Droits de propriété et de traduction réservés

10215 — Imprimerie générale de Ch. Lahure, rue de Fleurus, 9, à Paris.

A MA PETITE-FILLE

VALENTINE DE SÉGUR-LAMOIGNON.

Chère enfant, je t'offre à toi, charmante, aimée et entourée, l'histoire d'un pauvre garçon un peu imbécile, peu aimé, pauvre et dénué de tout. Compare sa vie à la tienne, et remercie Dieu de la différence.

Comtesse DE SÉGUR,
Née ROSTOPCHINE.

PRÉFACE.

L'idée première de ce livre m'a été donnée par un ancien souvenir d'une des plus charmantes et spirituelles *bêtises* qui aient été jouées sur la scène : *la Sœur de Jocrisse*[1]. Je me suis permis d'y em-

[1]. *La Sœur de Jocrisse*, par MM. Duvert, Varner et Lausanne.

prunter deux ou trois paroles ou situations plaisantes que j'ai développées au profit de mes jeunes lecteurs; la plus importante est l'inimitié de Gribouille contre le perroquet. J'espère que les auteurs me pardonneront ce demi-plagiat; Gribouille et Jocrisse étant jumeaux, mon Gribouille a imité presque involontairement son plaisant et inimitable prédécesseur.

Comtesse DE SÉGUR,
Née ROSTOPCHINE.

LA SŒUR DE GRIBOUILLE.

I

Gribouille.

La femme Thibaut était étendue sur son lit; elle regardait tristement sa fille Caroline, qui travaillait avec ardeur à terminer une robe qu'elle devait porter le soir même à Mme Delmis, la femme du maire. Près du lit de la femme Thibaut, Gribouille, jeune garçon de quinze à seize ans, cherchait à recoller des feuilles détachées d'un livre bien vieux et bien sale. Il reprenait, sans se lasser, ce travail, qui ne pouvait réussir, parce qu'aussitôt qu'une feuille était collée, il la tirait pour voir si elle tenait bien; la feuille, n'ayant pas eu le temps de sécher, se détachait toujours, et Gribouille recommençait toujours sans humeur et sans colère.

« Mon pauvre Gribouille, lui dit sa mère, tes

feuilles ne tiendront jamais si tu tires dessus comme tu fais.

GRIBOUILLE.

Il faudra bien qu'elles tiennent, et que je puisse tirer sans qu'elles me viennent dans la main ; je tire bien sur les autres feuilles ; pourquoi ne pourrais-je pas tirer sur celles-ci ?

LA MÈRE.

Parce qu'elles sont déchirées, mon ami....

GRIBOUILLE.

C'est parce qu'elles sont déchirées que je veux les raccommoder. Il me faut un catéchisme, n'y a pas à dire : M. le curé l'a dit ; Mme Delmis l'a dit. Caroline m'a donné le sien, qui n'est pas neuf, et je veux le remettre en bon état.

LA MÈRE.

Laisse sécher les feuilles que tu recolles, si tu veux qu'elles tiennent.

GRIBOUILLE.

Qu'est-ce que ça y fera ?

LA MÈRE.

Ça fera qu'elles ne se détacheront plus.

GRIBOUILLE.

Vrai ? Ah bien ! je vais les laisser jusqu'à demain, et puis nous verrons. »

Gribouille colla toutes les feuilles détachées, et alla poser le livre sur la table où Caroline mettait son ouvrage et ses papiers.

Caroline travaillait avec ardeur. (Page 5.)

GRIBOUILLE.

Auras-tu bientôt fini, Caroline? J'ai bien faim ; il est l'heure de souper.

CAROLINE.

Dans cinq minutes; je n'ai plus que deux boutons à coudre.... Là ! C'est fini. Je vais aller porter la robe et je reviendrai ensuite tout préparer. Toi, tu vas rester près de maman pour lui donner ce qu'elle te demandera.

GRIBOUILLE.

Et si elle ne me demande rien?

CAROLINE, *riant*.

Alors tu ne lui donneras rien.

GRIBOUILLE.

Alors, j'aimerais mieux aller avec toi; il y a si longtemps que je suis enfermé !

CAROLINE.

Mais.... maman ne peut pas rester seule.... malade comme elle l'est.... Attends.... je pense que tu pourrais porter cette robe tout seul chez Mme Delmis.... Je vais la bien arranger en paquet; tu la prendras sous ton bras, tu la porteras chez Mme Delmis, tu demanderas la bonne et tu la lui donneras de ma part. As-tu bien compris ?

GRIBOUILLE.

Parfaitement. Je prendrai le paquet sous mon bras, je le porterai chez Mme Delmis, je demanderai la bonne et je le lui donnerai de ta part.

CAROLINE.

Très-bien. Va vite et reviens vite; tu trouveras au retour ton souper servi.

Gribouille saisit le paquet, partit comme un trait, arriva chez Mme Delmis et demanda la bonne.

« A la cuisine, mon garçon; première porte à gauche, » répondit un facteur qui sortait.

Gribouille connaissait le chemin de la cuisine; il

fit un salut en entrant et présenta le paquet à Mlle Rose.

GRIBOUILLE.

Ma sœur vous envoie un petit présent, mademoiselle Rose; une robe qu'elle vous a faite elle-même, tout entière; elle s'est joliment dépêchée, allez, pour l'avoir finie ce soir.

MADEMOISELLE ROSE.

Une robe? à moi? Oh! mais que c'est donc aimable à Caroline! Voyons, comment est-elle?

Mlle Rose défit le paquet et déroula une jolie robe en jaconas rose et blanc. Elle poussa un cri d'admiration, remercia Gribouille, et, dans l'excès de sa joie, elle lui donna un gros morceau de galette et un gros baiser; puis elle courut bien vite dans sa chambre pour essayer la robe, qui se trouva aller parfaitement.

Gribouille, très-fier de son succès, revint à la maison en courant.

« J'ai fait ta commission, ma sœur. Mlle Rose est bien contente; elle m'a embrassé et m'a donné un gros morceau de galette; j'aurais bien voulu le manger, mais j'ai mieux aimé le garder pour t'en donner une part et une autre à maman.

CAROLINE.

C'est très-aimable à toi, Gribouille; je t'en remercie. Voilà tout juste le souper servi : mettons-nous à table.

GRIBOUILLE.

Qu'avons-nous pour souper?

CAROLINE.

Une soupe aux choux et au lard, et une salade.

GRIBOUILLE.

Bon ! j'aime bien la soupe aux choux, et la salade aussi; nous mangerons la galette après. »

Caroline et Gribouille se mirent à table. Avant de se servir elle-même, Caroline eut soin de servir sa mère, qui ne pouvait quitter son lit par suite d'une paralysie générale. Gribouille mangeait en affamé, personne ne disait mot. Quand arriva le tour de la galette, Caroline demanda à Gribouille si c'était Mme Delmis qui la lui avait donnée.

GRIBOUILLE.

Non, je n'ai pas vu Mme Delmis. Tu m'avais dit de demander la bonne, et j'ai demandé la bonne.

CAROLINE.

Et tu ne sais pas si Mme Delmis a été contente de la robe?

GRIBOUILLE.

Ma foi, non; je ne m'en suis pas inquiété; et puis, qu'importe qu'elle soit contente ou non? C'est Mlle Rose qui a reçu la robe, et c'est elle qui l'a trouvée jolie et qui riait, et qui disait que tu étais bien aimable.

CAROLINE, *avec surprise*.

Que j'étais aimable! Il n'y avait rien d'aimable à renvoyer cette robe.

GRIBOUILLE.

Je n'en sais rien; je te répète ce que m'a dit Mlle Rose.

Caroline resta un peu étonnée de la joie de Mlle Rose, et le fut bien davantage quand le petit Colas, filleul de Mme Delmis, vint tout essoufflé demander la robe qui avait été promise pour le soir.

CAROLINE.

Je l'ai envoyée il y a une heure; c'est Gribouille qui l'a portée.

COLAS.

Mme Delmis la demande pourtant; faut croire qu'elle ne l'a pas reçue.

CAROLINE, *à Gribouille.*

Ne l'as-tu pas donnée à Mlle Rose ?

GRIBOUILLE.

Oui, je l'ai donnée de ta part, comme tu me l'avais dit.

CAROLINE.

C'est donc Mlle Rose qui aura oublié de la remettre. Cours vite, Colas : dis à Mme Delmis que la robe est depuis une heure chez Mlle Rose.

Colas repartit en courant. Caroline était inquiète; elle craignait, sans pouvoir se l'expliquer, une maladresse ou une erreur de Gribouille; mais à toutes ses interrogations, Gribouille répondit invariablement :

« J'ai donné le paquet à Mlle Rose, comme tu me l'as dit. »

Caroline se mit à tout préparer pour le coucher de la famille. Sa pauvre mère ne quittait pas son lit depuis cinq ans, et ne pouvait aider sa fille dans les soins du ménage; mais Caroline suffisait à tout : active, laborieuse et rangée, elle tenait la maison dans un état de propreté qui donnait du relief aux vieux meubles qui s'y trouvaient. Elle suppléait par son travail à ce qui pouvait manquer aux besoins de la famille, et surtout à sa mère. Gribouille l'aidait de son mieux ; mais le pauvre garçon avait une intelligence si bornée, que Caroline ne pouvait lui confier d'autre travail que celui qu'il faisait avec elle. Son vrai nom était Babylas ; un jour, il imagina de mettre un bel habit neuf à l'abri de la pluie en entrant jusqu'aux genoux dans un ruisseau abrité par des saules pleureurs. Ses camarades se moquèrent de lui et s'écrièrent qu'il faisait comme Gribouille, qui se mettait dans l'eau pour ne pas être mouillé. Depuis ce jour, on ne l'appela plus que Gribouille, et dans sa famille même le nom lui en resta. Sa figure douce, régulière, sa physionomie un peu niaise, sa bouche légèrement entr'ouverte, sa taille élancée et sa tournure dégingandée, attiraient l'attention et indiquaient un léger dérangement dans l'esprit, tout en inspirant l'intérêt et la sympathie. Il aidait sa sœur à tout ranger, tout nettoyer, lorsqu'un coup vigoureux frappé à la porte fit tressaillir Caroline : « Entrez ! » cria-t-elle un peu émue.

Mlle Rose poussa vivement la porte et entra le visage enflammé de colère. S'adressant à Caroline :

« Je vous prie, mademoiselle, de vous dispenser à l'avenir de vos mauvaises plaisanteries, et de ne pas chercher à me brouiller avec ma maîtresse, pour prendre ma place probablement.

CAROLINE.

Que voulez-vous dire, mademoiselle Rose ? Je ne

comprends pas vos reproches ; je n'ai jamais cherché à vous brouiller avec Mme Delmis.

MADEMOISELLE ROSE.

C'était peut-être pour la contenter que vous m'envoyez une robe comme pour moi, quand vous savez que la robe est à elle, qu'elle vous l'a donnée à faire, qu'elle l'attend ? Je la mets très-innocemment, cette robe, croyant à une amabilité de votre part, et voilà-t-il pas que Mme Delmis, qui regardait je ne sais quoi à sa fenêtre, me voit passer, reconnaît ma robe qui était à elle, me fait une avanie en pleine rue et me fait rentrer pour me déshabiller et lui rendre la robe que vous m'aviez envoyée en présent ! Et encore que j'ai eu la bêtise de donner une galette à votre imbécile de frère, qui s'est fait le complice de votre méchanceté !

CAROLINE.

Ce que vous me dites me surprend beaucoup, mademoiselle Rose. J'avais dit à mon frère de vous porter la robe, je pensais que vous la remettriez à Mme Delmis ; comment pouvais-je croire que vous la recevriez comme un présent de moi, pauvre fille, qui ai de la peine à faire vivre ma famille ? Et quant à mon frère, il s'est acquitté de la commission que je lui ai donnée, et je ne pense pas qu'il mérite aucunement vos injures.

MADEMOISELLE ROSE.

C'est bon, c'est bon, mademoiselle ! excusez-vous

comme vous pouvez; mais je vous préviens que, si vous voulez me faire renvoyer de chez Mme Delmis pour prendre ma place, vous n'y resterez pas. Madame est capricieuse et avare ; elle paye peu et regarde à tout ; elle gronde à tort et à travers; elle vous compte les bûches et la chandelle; elle enferme le sucre, le café, les confitures, le vin, tout enfin ; c'est une maison de rien, une vraie baraque ; avec ça, des enfants qui vont et viennent, qui vous arrivent les uns suivant les autres. Ce n'est pas tenable, et je vous le dis d'avance pour que vous sachiez ce qui en est.

CAROLINE.

Je n'ai aucune envie d'entrer chez Mme Delmis, je vous assure; vous savez bien que j'ai ma mère et mon frère que je ne puis quitter. Mais si la maison est si mauvaise, pourquoi y êtes-vous depuis un an, et pourquoi paraissez-vous si fâchée à la pensée que j'ai voulu vous en faire sortir? J'ai toujours vu Mme Delmis bonne pour tout le monde et surtout pour vous, mademoiselle Rose; dans votre maladie d'il y a trois mois, elle vous a bien soignée, ce me semble; elle vous a fait veiller trois nuits, et elle ne vous refusait rien de ce qui pouvait vous être bon et agréable. Vous devriez lui en avoir de la reconnaissance et ne pas parler d'elle comme vous venez de le faire.

MADEMOISELLE ROSE.

Je n'ai pas besoin de vos leçons, mademoiselle ;

je sais ce que j'ai à dire ou à ne pas dire. Je vois d'après vos paroles que vous savez flatter Mme Delmis pour en tirer de l'argent; mais je saurai vous déjouer, et vos robes n'iront plus si bien à l'avenir. Votre réputation de bonne couturière va souffrir, allez.

CAROLINE.

Pourquoi mes robes n'iraient-elles plus comme avant, si je les soigne tout autant? Je fais de mon mieux; le bon Dieu a protégé mon travail; il ne me retirera pas son appui.

MADEMOISELLE ROSE.

Oui, oui, ma belle, comptez là-dessus; je vous donnerai un coup de main à l'occasion : le ciseau par-ci, un pli par-là, et vous verrez ce que deviendra votre beau talent en robes et manteaux.

CAROLINE.

Pas possible, mademoiselle Rose, vous ne feriez pas une méchanceté pareille?

GRIBOUILLE.

Que veut-elle te faire, ma sœur? Dis, je saurai bien l'en empêcher.

MADEMOISELLE ROSE.

Toi, imbécile, tu m'empêcheras d'arranger les robes à mon idée pour qu'elles aillent comme je l'entends? Je t'en défie, idiot!

GRIBOUILLE.

Il n'y a pas que Mme Delmis dans le pays, méchante vieille fille, et je vous ferai votre réputation, moi aussi, si vous faites du mal à ma sœur.

MADEMOISELLE ROSE, *avec colère.*

Vieille fille! Qu'est-ce à dire, vieille fille? J'ai refusé plus de vingt maris et....

GRIBOUILLE.

Je demande les noms, mademoiselle. Un seul, si vous pouvez.

MADEMOISELLE ROSE.

Les noms! les noms! Comme si on pouvait se souvenir de tout ça?

GRIBOUILLE.

Un seul! voyons, un seul!

MADEMOISELLE ROSE.

D'abord, il y a Taillochon, du moulin.

GRIBOUILLE.

Un bossu? Ha, ha, ha! Une bosse plus grosse que lui, les jambes torses, un museau de singe! Ha, ha, ha! Voilà-t-il un beau mari?... Mme Taillochon! Ha, ha, ha! Il vous va à la hanche!

MADEMOISELLE ROSE.

Aussi n'en ai-je pas voulu, imbécile. Et puis Boursiflo l'épicier.

GRIBOUILLE.

Épicier de quatre sous, avec le nez de travers, la joue droite grosse comme une tête, ivre du matin au soir, et du soir au matin! En voilà encore un fameux mari! S'ils sont tous de ce numéro, vou ferez bien de ne pas vous en vanter.... Boursiflo! Vraiment! Et Tailiochon! Ha, ha, ha!... En voilà-t-il une bonne!... Il y a du choix tout de même. »

Mlle Rose, irritée au plus haut degré des observations de Gribouille, s'élança vers lui pour lui faire sentir la force de son poing; mais Gribouille, devinant l'attaque et leste comme on l'est à quinze ans, saisit une chaise qu'il éleva entre lui et son ennemie au moment où, le bras lancé, elle allait lui appliquer le plus vigoureux soufflet qui ait jamais

Le bras de Mlle Rose retomba sans mouvement. (Page 23.)

été donné; le blessé ne fut pas Gribouille, ce fut le bras de Mlle Rose, qui rencontra la chaise et qui retomba sans mouvement. Mlle Rose poussa un cri de douleur, en même temps que Gribouille poussait un cri de triomphe. Caroline le saisit par sa jaquette et, le tirant en arrière, se plaça entre les deux combattants. Mais Rose était vaincue; la douleur l'emportait sur la colère; elle soutenait du bras gauche son bras droit contusionné, et laissait échapper des gémissements contenus. Elle permit à Caroline d'examiner la blessure et de lui frotter la partie meurtrie avec de l'huile de mille-pertuis; après quoi, elle partit sans ajouter une parole et en jetant la porte avec violence.

II

Promesse de Caroline.

La femme Thibaut était restée immobile pendant toute cette scène qui l'avait visiblement agitée; quand Mlle Rose fut partie, elle appela Gribouille.

« Gribouille, comment se fait-il que Mlle Rose ait pu croire que ta sœur lui faisait présent de la robe de Mme Delmis?

GRIBOUILLE.

Est-ce que je le savais, moi, que la robe était à Mme Delmis? J'ai répété à Mlle Rose ce que Caroline m'avait ordonné de lui dire.

LA MÈRE THIBAUT.

Mais qu'as-tu dit? répète-moi tes paroles.

GRIBOUILLE.

Je ne me souviens plus bien à présent. Je crois que j'ai dit : « Mademoiselle Rose, voici une robe que « ma sœur a faite pour vous, et qu'elle vous envoie. »

LA MÈRE THIBAUT.

Et Mlle Rose a cru que c'était pour elle ?

GRIBOUILLE.

Bien sûr, puisque je l'ai cru moi-même; et si je l'ai cru, pourquoi ne l'aurait-elle pas cru aussi?

CAROLINE.

Je comprends maintenant sa colère; elle a pensé que j'avais voulu me moquer d'elle et la faire gronder.

LA MÈRE THIBAUT.

Aussi, pourquoi donnes-tu des commissions à Gribouille? Tu sais que le pauvre garçon est....

CAROLINE, *vivement*.

Bien complaisant, et fait tout ce qu'il peut pour bien faire; je le sais, maman; il est si content quand il me rend service!

GRIBOUILLE.

Bonne Caroline! Oui, je voudrais te rendre toujours service, mais je ne sais comment il arrive que les choses tournent contre moi, et qu'au lieu de t'aider je te fais du mal. C'est bien sans le vouloir, va.

LA MÈRE THIBAUT.

Alors pourquoi te mêles-tu de ses affaires, mon ami, puisque tu sais que tu n'as pas l'intelligence de les bien faire?

CAROLINE.

Oh! maman, il m'est souvent très-utile....

GRIBOUILLE, *avec tristesse*.

Laisse, laisse, ma bonne Caroline, tu as déjà arrêté maman tout à l'heure, quand elle a voulu dire que j'étais bête. Je sais que je le suis, mais pas tant qu'on le croit. Je trouverai de l'esprit pour te venger de Mlle Rose, sois-en sûre.

CAROLINE.

Gribouille, je te le défends ; pas de vengeance, mon ami ; sois bon et charitable : pardonne à ceux qui nous offensent....

GRIBOUILLE.

Je veux bien pardonner à ceux qui m'offensent, moi ; mais jamais à ceux qui t'offensent, toi ! Toi si bonne, et qui ne fais de mal à personne !

CAROLINE.

Je t'en prie, Gribouille, n'y pense pas davantage ; défends-moi, je le veux bien, comme tu l'as fait si vaillamment tout à l'heure, mais ne me venge jamais. Tiens, ajouta-t-elle en lui présentant un livre, lis ce passage de la Vie de N. S. Jésus-Christ, tu verras comme il pardonne tout et toujours ; et tâche de faire comme lui.

Gribouille prit le livre, qu'il se mit à lire attentivement. La mère Thibaut appela Caroline et lui parla bas.

« Ma fille, lui dit-elle, que deviendra ce pauvre garçon quand je n'y serai plus ? Tant que je vis, nous avons la rente de six cents francs que me fait mon cousin Lérot, pour le débit de tabac que je lui ai cédé, mais je n'en ai pas pour longtemps ;

je sens tous les jours mes forces s'affaiblir; mes mains commencent à se paralyser comme les jambes; ma tête se prend quelquefois; la scène de tout à l'heure m'a fait bien mal. Et que deviendras-tu, ma pauvre enfant, avec Gribouille, qui est incapable de gagner sa vie et qui t'empêchera de te placer? Pauvre Gribouille!

— Ne vous inquiétez pas de moi, chère maman, dit Caroline en l'embrassant tendrement; je travaille bien, vous savez; je ne manquerai pas d'ouvrage; je gagnerai facilement de quoi vivre avec Gribouille, qui fera le ménage et les commissions, et qui m'aidera de son mieux. D'ailleurs, vous n'êtes pas si mal que vous croyez; vous vivrez longtemps encore; et d'ici à quelques années, mon frère va devenir bon ouvrier et aussi capable qu'un autre.

LA MÈRE THIBAUT.

J'en doute, ma fille. Mon pauvre Gribouille sera toujours ce qu'il est, et il te sera toujours une gêne et un ennui.

CAROLINE.

Un ennui, jamais, maman. Une gêne.... peut-être; mais je compte sur la protection du bon Dieu et je vous promets de ne jamais abandonner mon pauvre frère, quoi qu'il arrive.

LA MÈRE THIBAUT.

Merci, ma fille; ma bonne Caroline, merci. Mais si tu vois qu'il t'empêche de gagner ta vie, tâche de le placer chez de braves gens, bien pieux, bien charitables, qui le garderont pour l'amour du bon Dieu. Consulte M. le curé ; il t'aidera ; il est bon.... tu sais.

CAROLINE.

Jamais je n'abandonnerai mon frère, maman, soyez-en certaine.

LA MÈRE THIBAUT.

Jamais.... jamais.... Merci.... Jamais.... Oh! mon Dieu! je ne sais plus.... je ne peux plus penser.... Ma tête.... Tout s'en va.... M. le curé.... Ha!...

— Gribouille, Gribouille, va vite chercher M. le curé! s'écria Caroline en se jetant sur sa mère, qui venait de perdre connaissance.

GRIBOUILLE, *se levant*.

Et si je le trouve, que faudra-t-il faire?

CAROLINE.

L'amener ici; vite, vite; dis-lui que maman se meurt. »

Gribouille sortit précipitamment et courut chez M. le curé, qu'il trouva faisant une partie de dominos avec le pharmacien du bourg.

« Tiens! Gribouille! dit le curé avec son sourire bienveillant. Par quel hasard, mon garçon? As-tu besoin de moi?

GRIBOUILLE.

Vite, vite, monsieur le curé! maman se meurt; il faut que je vous amène; Caroline l'a dit. »

Le curé se leva, prit son chapeau, son bâton, et suivit Gribouille sans mot dire. Ils arrivèrent en

peu d'instants à la porte de la mère Thibaut; le curé entra le premier; Caroline, à genoux près du lit de sa mère, priait avec ferveur; au bruit que fit le curé en ouvrant la porte, elle se releva et lui fit signe d'approcher.

La femme Thibaut ouvrit les yeux, essaya de parler, mais ne put articuler que des mots entrecoupés : « Ma fille.... pauvre Gribouille.... le bon Dieu.... n'abandonnera pas.... Je meurs.... Pauvres enfants.... Merci.... Pardon.... »

Le curé fit éloigner Caroline et Gribouille, se mit à genoux près du lit de la mère Thibaut, et lui parla bas ; elle comprit, sans doute, car son visage redevint calme ; elle essaya de faire le signe de la croix et joignit les mains en portant ses regards sur le crucifix qui était en face d'elle. Le curé continua à parler et à prier ; elle lui répondait par des mots entrecoupés et par signes, et prolongea assez longtemps cet entretien dont elle paraissait retirer une grande consolation. Le curé, craignant pourtant de fatiguer la pauvre femme, voulut s'éloigner ; le regard suppliant qu'elle lui jeta le retint près du lit ; il appela Caroline, qui pleurait avec Gribouille dans un cabinet attenant à la chambre.

« Votre mère est bien mal, ma chère enfant ; elle a eu une nouvelle attaque. Quelle est l'ordonnance du médecin en pareil cas ?

CAROLINE.

Il y a bien des années que nous n'avons vu le médecin, monsieur le curé. Lorsque ma mère a eu la première attaque qui l'a paralysée, il a dit qu'il n'y avait rien à faire, qu'il était inutile de l'appeler s'il survenait un nouvel accident ; que la seule chose à faire était de vous envoyer chercher, et c'est ce que j'ai fait.

LE CURÉ.

Je crains, ma pauvre enfant, que le médecin n'ait eu raison. Je ne vois en effet aucun remède qui puisse la soulager. Elle est comme toujours, bien calme, bien résignée à la volonté du bon Dieu; je lui ai promis de ne pas vous abandonner, de vous consoler, de vous aider dans la gêne qui va être votre partage. Je connais votre courage et votre piété, mon enfant; le bon Dieu ne vous abandonnera ni vous ni votre frère, parce que vous avez toujours eu confiance en lui. »

Caroline ne répondit que par ses sanglots; elle se jeta à genoux près du bon curé, qui lui donna une bénédiction toute paternelle et pleura avec elle.

Gribouille sanglotait toujours dans le cabinet où il s'était réfugié; mais ses larmes coulaient plutôt par le chagrin qu'il ressentait de voir pleurer sa sœur que par l'inquiétude que lui donnait l'état de sa mère, dont il ne comprenait pas la gravité. Le curé alla à lui, et lui passant affectueusement la main sur la tête :

« Ne pleure pas, mon brave garçon; tu augmentes le chagrin de ta sœur.

GRIBOUILLE.

Je pleure parce qu'elle pleure, monsieur le curé; si je la voyais contente, je ne pleurerais pas; je n'ai pas d'autre raison de pleurer, moi. Seulement je voudrais savoir pourquoi nous pleurons.

LE CURÉ.

Ta sœur pleure parce que ta mère est très-malade.

GRIBOUILLE.

Elle est comme à l'ordinaire ; elle est toujours dans son lit.

LE CURÉ.

Mais ce soir elle croit qu'elle va mourir, et c'es ce qui chagrine ta sœur.

GRIBOUILLE.

Il n'y a pas de quoi se chagriner. Maman dit toujours : « Mon Dieu, si je pouvais mourir ! Je serais bien heureuse si j'étais morte ! Je ne souffrirais plus ! » Et puis maman m'a dit que, lorsqu'elle serait morte, elle irait avec le bon Dieu, la sainte Vierge, les anges.... Je voudrais bien y aller aussi, moi ; je m'ennuie quand Caroline travaille, et maman dit qu'on ne s'ennuie jamais avec le bon Dieu. Dites à Caroline de ne pas pleurer ; je vous en prie, monsieur le curé, dites-le-lui ; elle vous obéit toujours. »

Le curé sourit avec tristesse, et s'approchant de Caroline, il lui redit les paroles de Gribouille et lui demanda de contenir ses larmes tant que le pauvre garçon ne serait pas couché.

Caroline regarda sa mère, le crucifix, pressa ses mains croisées sur son cœur comme pour en comprimer les sentiments, et se dirigeant vers Gribouille avec un visage calme, elle l'embrassa avec tendresse.

CAROLINE.

C'est donc moi qui te fais pleurer, mon pauvre frère? Pardonne-moi, je ne recommencerai pas. Tiens, vois-tu comme je suis tranquille à présent.... Vois.... je ne pleure plus.

Gribouille la regarda attentivement.

GRIBOUILLE.

C'est vrai; alors moi aussi je suis content. Je ne puis m'empêcher de pleurer quand tu pleures, de rire quand tu ris. C'est plus fort que moi, je t'assure. C'est que je t'aime tant ! tu es si bonne !

CAROLINE.

Merci, mon ami, merci. Mais sais-tu qu'il est bien tard? tu es fatigué; il est temps que tu te couches.

GRIBOUILLE.

Et toi?

CAROLINE.

Moi je vais préparer quelque chose pour maman, et je me coucherai après.

GRIBOUILLE.

Bien sûr? Tu ne vas pas veiller? tu ne vas pas pleurer?

CAROLINE.

Certainement non ; je vais dormir jusqu'à demain cinq heures, comme d'habitude. Va, Gribouille, va,

3

mon ami; fais ta prière et couche-toi. Prie pour maman, ajouta-t-elle en l'embrassant.

Gribouille, rassuré pour sa sœur, fatigué de sa journée, ne résista pas et fit comme lui avait dit Caroline. Quelques minutes après, il dormait profondément.

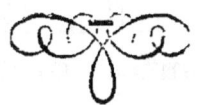

III

Mort de la femme Thibaut.

Lorsque Caroline rentra dans la chambre de sa mère, elle trouva le curé priant pour le repos de cette âme, qui venait de comparaître devant Dieu et qui recevait la récompense de sa piété, de sa longue patience, de sa résignation. Ses peines n'avaient duré que quelques années, son bonheur devait durer toujours.

En voyant sa mère sans mouvement et sans vie, Caroline étouffa un cri qui s'échappait de sa poitrine, et se jetant à genoux, elle donna un libre cours à ses larmes. Le curé la laissa quelque temps à sa douleur ; quand il vit que ses sanglots commençaient à se calmer, il lui prit la main, et la faisant agenouiller devant le crucifix qui avait reçu le dernier regard de sa mère, il lui dit de sa voix pleine d'onction et de piété :

« Ma pauvre enfant, remerciez le bon Dieu d'avoir terminé les souffrances de votre mère ; demandez-lui du courage pour lutter contre l'isolement et les privations. Souvenez-vous que ce Dieu si bon est toujours avec vous; que s'il vous envoie des peines, c'est pour effacer vos fautes et pour mieux récompenser votre obéissance, votre résignation, votre dévouement.

CAROLINE.

Je le sais, monsieur le curé, je le sais! Mais ma mère, ma pauvre mère! Je reste seule....

LE CURÉ.

Non, pas seule, mon enfant. Il vous reste un devoir, un grand devoir à remplir : celui que vous a légué votre mère. Vous êtes le seul soutien, le seul appui de votre frère.... Dieu vous aidera, car la tâche est difficile.

CAROLINE.

Hélas! oui ; il me reste mon frère!... Mon frère!... Que le bon Dieu me protége, car je sens mon courage faiblir.

LE CURÉ.

Il vous protégera, mon enfant. Ne doutez pas de sa bonté, et quoi qu'il vous envoie, remerciez et acceptez.

CAROLINE.

Je tâcherai, monsieur le curé, je tâcherai....Que sa sainte volonté soit faite et non la mienne. »

Après avoir cherché à consoler et remonter Caroline, le bon curé lui dit :

« Ma chère enfant, vous ne pouvez rester seule

Le curé la laissa quelque temps à sa douleur. (Page 35.)

avec le corps inanimé de votre mère ; je vais rentrer chez moi et vous envoyer la vieille Nanon, qui a l'habitude d'ensevelir et de veiller les morts. Je reviendrai vous voir demain de bonne heure et je me charge de tout ce qui a rapport aux funérailles. Ne vous inquiétez de rien; priez pour elle, priez pour vous; confiez-vous en la bonté de votre Père tout-puissant. Adieu, mon enfant, au revoir, et que la bénédiction de Dieu repose sur vous et sur votre maison. »

Le curé donna une dernière bénédiction à la mère et à la fille, et sortit. Lorsque Caroline se trouva seule, elle ne chercha plus à se contraindre, et malgré sa résignation à la volonté de Dieu, elle se laissa aller à toute la violence de sa douleur. Ses gémissements et ses sanglots éveillèrent Gribouille, quoiqu'elle eût eu la précaution de fermer la porte.

Entendant pleurer sa sœur, il se leva, passa à la hâte ses vêtements, entr'ouvrit doucement la porte et aperçut Caroline affaissée sur ses genoux, le visage baigné de larmes, les yeux levés vers le crucifix, les mains jointes retombées sur ses genoux.

« Caroline ! » dit-il d'un air de reproche.

Caroline essuya ses yeux à la hâte, mais ne se releva pas.

« Caroline ! tu m'as trompé ! Je dormais parce que j'ai cru à ta parole.... Caroline ! tu as du chagrin ! Pourquoi pleures-tu ? »

Caroline montra du doigt le corps inanimé de sa mère. « Elle est morte! » dit-elle d'une voix étouffée.

Gribouille approcha du lit de sa mère et la considéra attentivement.

« Elle ne souffre plus, dit-il ; non, elle ne souffre pas.... vois comme son visage est calme.... Elle disait vrai.... « Quand je serai morte, m'a-t-elle dit, « je serai bien heureuse ; je serai avec le bon Dieu, « la sainte Vierge et les anges.... » C'est vrai qu'elle est heureuse.... Tiens, je crois qu'elle sourit. »

Et Gribouille répondit à ce sourire qu'il croyait voir ; et se retournant vers sa sœur :

« Pourquoi pleures-tu, puisqu'elle est heureuse ? Tu n'es donc pas contente qu'elle soit heureuse ?

CAROLINE.

Oh! mon frère, pense donc que nous ne la verrons plus, que nous n'entendrons plus sa voix, que nous ne pouvons plus rien pour elle.

GRIBOUILLE.

Nous pouvons prier, M. le curé l'a dit l'autre jour. Nous ne l'entendrons plus gémir et se plaindre, nous ne la verrons plus souffrir ; tu aimes donc mieux avoir le plaisir de la soigner que de la savoir heureuse?... C'est singulier!... Je croyais que tu l'aimais beaucoup.

CAROLINE.

C'est parce que je l'aimais que je la pleure.

GRIBOUILLE.

C'est drôle d'aimer comme ça! Pleurer parce que maman est heureuse sans toi! Pleurer parce qu'elle ne souffre plus près de toi!

CAROLINE.

Ce n'est pas cela, Gribouille, ce n'est pas cela. Si je venais à mourir, même pour être très-heureuse près du bon Dieu, est-ce que tu ne pleurerais pas? »

Gribouille réfléchit un instant.

« Je pleurerais un peu.... peut-être.... mais je serais si content de te savoir heureuse, et je serais si sûr de te rejoindre un jour, que je me consolerais tout de suite, et que j'attendrais patiemment que le bon Dieu me fasse mourir à mon tour.

— Ce garçon a plus de bon sens que nous tous, ma pauvre fille, » dit une voix forte qui fit retourner Caroline et Gribouille.

C'était Nanon, qui était entrée depuis quelques instants, et qui écoutait la conversation de Gribouille avec sa sœur.

« Tu as raison, mon garçon; c'est-à-dire au fond tu as raison; mais c'est tout de même triste de ne plus voir ceux qu'on a aimés. Vois-tu, c'est comme une médecine; c'est mauvais à avaler, mais ça fait du bien. Et à présent, va te coucher, mon garçon; nous n'avons que faire de toi; tu nous gênerais au lieu de nous aider.

GRIBOUILLE.

Mais Caroline?

NANON.

J'aurai soin de Caroline; sois tranquille.

GRIBOUILLE.

Vous l'empêcherez de pleurer?

NANON.

Ah! je crois bien! Je voudrais bien voir qu'elle pleurât après tout ce que tu lui as dit! »

Gribouille, entièrement rassuré par les paroles et l'air décidé de Nanon, et par le calme momentané de sa sœur, l'embrassa à plusieurs reprises et retourna dans sa chambrette. Il pria le bon Dieu de rendre sa mère bien heureuse.

« Et moi aussi, mon bon Dieu, ajouta-t-il, rendez-moi bien heureux, et Caroline aussi; et M. le curé qui est si bon. Comme ça nous serons tous heureux et Caroline ne pleurera plus. »

Il se recoucha et se rendormit paisiblement.

Quand il se réveilla le lendemain, et qu'il alla chercher Caroline, il trouva la chambre pleine de monde; le bruit de la mort de la femme Thibaut s'était répandu; les voisines étaient accourues, les unes par compassion, les autres par curiosité, peu par charité. Caroline avait passé la nuit en prières près de sa mère, que Nanon avait ensevelie dans un linceul bien blanc; Caroline, pâle, défaite, triste et abattue, recevait avec reconnaissance, mais sans y répondre, les témoignages de sympathie vraie ou fausse qu'elle recevait des voisines; les unes par-

laient avec volubilité, les autres donnaient de ces consolations qui choquent et qui irritent.

« Qu'allez-vous faire de votre frère? dit une de ces femmes. Il va vous gêner pour gagner votre vie. Si vous le faisiez entrer dans un hospice?

— Jamais! dit Caroline en se levant debout près de lit de sa mère, sur lequel elle était appuyée. Jamais! j'ai promis à maman de ne jamais abandonner mon pauvre frère; je ne manquerai pas à ma promesse.

— C'est bel et bon, petite, reprit Nanon d'un air mécontent; mais comment le nourrirez-vous? comment vivrez-vous à deux avec ce que vous gagnerez par votre travail?

— Le bon Dieu y pourvoira; maman priera pour nous.

— La petite est têtue, dit la bonne femme; nous verrons comment elle se tirera d'affaire.

— Ce ne sera toujours pas par son travail, dit une voix qui fit tourner la tête à Caroline et à Gribouille.

— Pourquoi ma sœur ne se tirerait-elle pas d'affaire par son travail? dit Gribouille en marchant vers Mlle Rose, car c'était elle qui avait prononcé ces dernières paroles.

— Demande-le à Mme Delmis, mon garçon; elle te le dira.

Caroline n'écoutait plus; elle était retombée à genoux près du corps de sa mère. Mais Gribouille, un peu inquiet des paroles de Mlle Rose, regarda quelques instants son visage faux et malicieux, et se glissant près de la porte, il l'entr'ouvrit et disparut. Il courut vers la maison de Mme Delmis; il demanda à la voir; elle le fit entrer dans sa chambre.

MADAME DELMIS.

Que me veux-tu, mon pauvre garçon? dit-elle avec intérêt.

GRIBOUILLE.

Je viens demander à madame pourquoi ma sœur ne se tirerait pas d'affaire avec son travail.

MADAME DELMIS.

Comment? Que veux-tu dire, Gribouille? De

quelle affaire ta sœur doit-elle se tirer? Et pourquoi me le demandes-tu à moi qui n'en sais rien?

GRIBOUILLE.

C'est Mlle Rose qui m'a dit de le demander à madame, sans quoi je ne me serais pas permis de déranger madame.

MADAME DELMIS.

Mlle Rose! C'est une plaisanterie fort ridicule; où est Rose? où l'as-tu vue?

GRIBOUILLE.

Chez nous, madame, avec toutes les commères du quartier.

MADAME DELMIS.

Par quel hasard avez-vous une réunion de commères?

GRIBOUILLE.

Elles viennent voir ce que fait et dit Caroline près du corps de maman.

MADAME DELMIS, *avec surprise*.

Du corps! Est-ce que ta mère serait.... morte?

GRIBOUILLE.

Morte cette nuit, madame.

MADAME DELMIS, *de même*.

Et tu n'éprouves aucun chagrin de la mort de ta mère?

GRIBOUILLE.

Si fait, madame; mais j'en suis content pour elle.

MADAME DELMIS, *avec indignation*.

Mais c'est abominable, cela ! Comment ! ta mère qui était si bonne pour toi, tu ne l'aimais pas, toi !

GRIBOUILLE.

Pardon, madame ; c'est parce que je l'aime beaucoup que je suis content de ne plus la voir souffrir et de la savoir heureuse.

MADAME DELMIS.

Mais tu ne la verras plus jamais !

GRIBOUILLE.

Pardon, madame ; je la verrai dans l'autre monde. M. le curé m'a dit qu'on se retrouvait après avoir été mort et qu'on ne se quittait plus jamais, et qu'on était heureux, si heureux qu'on ne souffrait plus du tout. Madame voit bien que ce serait bien méchant et ingrat à moi de m'affliger de ce que maman est heureuse ; je voudrais bien la rejoindre, allez.

MADAME DELMIS, *d'un air pensif*.

Pauvre garçon !... Tu as peut-être raison.... Et que fait Caroline ?

GRIBOUILLE, *avec embarras*.

Je suis fâché de dire à madame que Caroline pleure.... Il ne faut pas lui en vouloir ; elle n'est peut-être pas bien sûre que maman soit heureuse.... Madame pense bien que Caroline, qui travaille toujours, n'a pas, comme moi, le temps de réfléchir.... Et puis, ces bonnes femmes qui lui cornent je ne sais quoi aux oreilles. Et M. le curé qui est absent! et Mlle Rose qui doit lui en dire de toutes les couleurs.... Car, j'y pense, je cours bien vite au secours de Caroline; Mlle Rose a peur de moi, tout de même; elle sait que je ne me gênerais pas pour lui donner une claque si elle tourmentait ma sœur.

MADAME DELMIS.

Attends, Gribouille; je vais t'accompagner. Je ne savais pas que ta pauvre mère fût morte.

Mme Delmis se dirigea avec Gribouille vers la maison de Caroline; elle y trouva Mlle Rose caquetant au milieu d'un groupe de femmes; s'approchant d'elle, elle lui demanda pourquoi elle se trouvait là, au lieu d'être au marché pour ses provisions.

MADEMOISELLE ROSE.

J'étais venue, madame, pour donner quelques consolations à Caroline, la sachant dans le chagrin.

— Jolies consolations! s'écria la vieille Nanon indignée, vous lui disiez des sottises sans fin et vous la menaciez de lui faire perdre ses pratiques!

MADEMOISELLE ROSE.

Moi! Peut-on dire!... C'est-y possible! Seigneur Jésus!

NANON.

C'est possible, puisque cela est. Depuis une demi-heure que vous en dites, vous devriez avoir la langue desséchée par la méchanceté. Mais ce n'est pas vous, mauvais cœur, qui ferez du tort à une pieuse et honnête fille comme Caroline.

MADEMOISELLE ROSE.

J'espère que madame n'ajoute pas foi aux ragots de cette vieille.

NANON.

Vieille vous même! Voyez-vous l'insolente qui

jette son venin aux autres! Vous en avez donc à revendre, la belle! Ce n'est pas moi qui vous en débarrasserai, toujours. Il n'aura pas de débit dans le pays.

MADAME DELMIS.

De grâce, taisez-vous, ma bonne Nanon. Se quereller dans la chambre d'une morte! c'est cruel pour la pauvre Caroline. Et vous, Rose, sortez d'ici et n'y remettez pas les pieds.

MADEMOISELLE ROSE.

J'ai trop de respect pour madame pour résister à ses ordres. Je n'ai nulle envie de venir chauffer la bouillie de l'idiot et d'essuyer les larmes de sa sœur.

« Mon frère, mon pauvre frère! s'écria douloureusement Caroline en retenant Gribouille prêt à s'élancer sur Mlle Rose.

— Sortez, dit avec autorité Mme Delmis à Rose, en la saisissant par le bras et la poussant vers la porte. »

Rose n'osa pas résister à sa maîtresse et sortit.

« Je regrette bien ce qui vient de se passer, ma pauvre Caroline, dit Mme Delmis en lui prenant les mains; je gronderai sévèrement Rose en rentrant chez moi. Si elle recommence à vous injurier, je la chasserai.

CAROLINE.

Je prie madame de vouloir bien lui pardonner; la pauvre fille était irritée d'une querelle qu'elle avait eue hier avec Gribouille; mais au fond elle n'a pas de méchanceté; c'est une petite vivacité qui passera.... Je prierai aussi madame de me continuer ses bontés et de vouloir bien me faire travailler pour elle et ses enfants.

MADAME DELMIS.

Certainement, ma bonne Caroline; je viens d'acheter des robes d'été et je compte sur vous pour les faire le plus promptement possible.

— Je les commencerai aussitôt que la triste cérémonie de l'enterrement sera terminée, madame, dit Caroline en essuyant ses larmes qu'elle ne pouvait retenir, et j'y mettrai tous mes soins, madame peut bien y compter. »

Le curé venait d'entrer; après s'être agenouillé près du corps de la femme Thibaut, il s'approcha de Mme Delmis et la pria de continuer sa protection à Caroline et à Gribouille. Ils causèrent quelques instants; Mme Delmis voulut emmener Caroline, qui s'y refusa positivement, pour rester près de sa mère jusqu'au moment où elle lui serait enlevée pour toujours.

IV

Obéissance de Gribouille.

La foule se dispersa. Caroline ferma la porte de sa maison pour éviter les visites importunes des curieux; elle garda Gribouille et Nanon, qui l'aidèrent à mettre de l'ordre dans la maison. Après une nuit douloureuse passée près du corps de la morte, Caroline et Gribouille assistèrent aux pénibles cérémonies de l'enterrement. Quand ils rentrèrent dans leur maison déserte, Caroline pleura amèrement, et Gribouille lui-même ne put retenir ses larmes. Ce fut lui pourtant qui rendit à Caroline du courage en recommençant les raisonnements qu'il avait déjà faits la veille.

« Nous avons bien de l'ouvrage, ma sœur, dit-il quand il la vit plus calme, le linge à laver, les effets de maman à ranger; et puis.... les robes de Mme Delmis à faire.

CAROLINE.

Tu as raison, Gribouille; j'ai tort de me laisser

aller; il me faut du courage; avec l'aide de Dieu j'en aurai.

GRIBOUILLE.

Et moi donc! Il m'en faudra du courage et de la tête pour tout faire à présent.

CAROLINE, *souriant*.

Tout faire! Quoi donc? Qu'auras-tu tant à faire?

GRIBOUILLE.

Laver le linge, bêcher, semer, arroser, soigner le jardin, nettoyer la maison, apporter de l'eau, acheter les provisions, réparer les meubles, faire le ménage. C'est toi qui faisais tout cela avec moi, jadis; à présent que nous n'avons plus la pension de six cents francs de maman, il faut faire de l'argent, et tu pourras en faire en travaillant, tandis que moi je ne puis que t'y aider en t'empêchant de te déranger de ton travail.

CAROLINE.

Bon Gribouille! sais-tu que tu me seras très-utile et que tu as de très-bonnes idées?

— Vraiment! dit Gribouille rougissant de bonheur; je te serai utile? J'en suis bien, bien heureux! Je te demanderai seulement de me dire tous les matins ce que j'aurai à faire et je le ferai.... Oh? tu verras avec quelle exactitude j'exécuterai tes ordres. »

Le pauvre Gribouille se mit tout de suite à l'œuvre en décrochant le balai et en nettoyant la maison, qui ne l'avait pas été depuis deux jours. Il alla chercher de l'eau fraîche dans les cruches, cueillit dans le jardin les légumes nécessaires à la soupe du soir, les lava, les éplucha et les posa proprement près de la marmite où ils devaient cuire. Il s'occupa ensuite de préparer le menu bois nécessaire pour le repas. Caroline, pendant ce temps, mettait en ordre les effets qui avaient servi à sa mère, rangeait le linge et mettait à part ce qui devait être lavé et raccommodé.

La journée s'acheva ainsi, triste, mais sans ennui. La fatigue du jour précédent leur procura une bonne et longue nuit. Lorsque Caroline s'éveilla, elle entendit sonner sept heures; effrayée de ce sommeil prolongé, elle sauta à bas de son lit, fit une courte prière, s'habilla à la hâte et alla éveiller son frère qui dormait encore profondément.

« Gribouille, éveille-toi, lui dit-elle en l'embrassant; il est tard, très-tard. Vite à l'ouvrage. »

Gribouille se frotta les yeux, fit un effort pour se mettre sur son séant et retomba endormi.

Caroline le regarda avec attendrissement.

« Pauvre garçon!... Faut-il le laisser dormir? Faut-il l'éveiller?... Il est fatigué, il est jeune.... Dois-je l'habituer à vaincre la fatigue et le sommeil, ou vais-je le laisser prendre le repos dont il a si évidemment besoin?... Que faire? Maman, inspirez-moi....

Pendant que Caroline, indécise, avançait et retirait sa main prête à secouer Gribouille, il entr'ouvrit les yeux et dit d'une voix à peine intelligible :

« Laisse-moi ... j'ai besoin de dormir.

— Dors, pauvre frère, dit tout bas Caroline en déposant un baiser sur son front. Dors, pendant que j'irai à l'église prier le bon Dieu pour nous et pour ma mère. «

Caroline avait l'habitude d'entendre la messe chaque matin ; ce jour-là, la messe était déjà dite, l'église était déserte. Caroline s'agenouilla près de l'autel et pria de tout son cœur pour sa mère, pour son frère et pour elle-même. Elle retourna ensuite à la maison, trouva Gribouille en train de se réveiller, et se mit à préparer leur frugal déjeuner pendant qu'il se débarbouillait et s'habillait.

CAROLINE.

As-tu fait ta prière comme tu le faisais du temps de maman, Gribouille ?

GRIBOUILLE.

Non, j'ai oublié.

CAROLINE.

Viens, mon frère, faisons-la ensemble près du lit vide de notre mère comme nous en avions l'habitude.

GRIBOUILLE.

Pourquoi près de son lit, puisqu'elle n'y est plus, qu'elle ne nous entend plus ?

CAROLINE.

Par respect pour sa mémoire, mon frère; elle n'est plus là, mais son âme est près de nous; elle nous voit, nous entend; elle prie pour nous et avec nous.

GRIBOUILLE.

Comment son âme peut-elle être ici sans que je la voie?

CAROLINE.

Vois-tu le vent? Vois-tu ta pensée?

GRIBOUILLE.

Non.

CAROLINE.

Et pourtant le vent souffle, ta pensée existe; il en est de même pour l'âme de maman, nous ne la voyons pas, et pourtant elle existe et elle nous protége.

— C'est singulier, dit Gribouille en regardant sa sœur d'un air étonné. Je te comprends, et pourtant je ne comprends pas la chose que tu dis. C'est égal; je sens que tu as raison.

Gribouille s'agenouilla près de sa sœur, mais, tout en faisant sa prière avec elle, il paraissait inquiet, et au moindre bruit tournait la tête et regardait à la dérobée si quelqu'un venait.

« Déjeunons maintenant, dit Caroline quand ils eurent fini leur prière. Il est bien tard. Je devrais être à l'ouvrage depuis deux heures.

GRIBOUILLE.

Que dois-je faire, moi.

CAROLINE.

Prends le paquet de linge sale que tu trouveras au grenier, et va le porter au lavoir; j'rai te rejoindre et t'aider quand j'aurai taillé t bâti les robes de Mme Delmis. »

Gribouille courut au grenier, prit le paquet et alla le porter au lavoir. Il s'assit à côté

Il attendit d'abord patiemment, mais après une heure d'attente, il commença à trouver le temps long.

« C'est singulier que Caroline me fasse perdre ainsi mon temps.... C'est ennuyeux de ne rien faire.... J'irais bien lui demander de l'ouvrage; mais elle m'a dit : « J'irai te rejoindre.... » Il ne faut donc pas que j'y aille.

Gribouille attendit une autre heure, au bout de laquelle il se mit à pleurer; il pleurait le visage caché dans ses mains et appuyé sur ses genoux, quand, à sa grande joie, il entendit la voix de Caroline qui l'appelait :

« Gribouille, Gribouille, as-tu fini? as-tu encore besoin de mon aide? J'ai préparé mes robes et je vais me mettre à coudre les jupes.... Eh bien! qu'as-tu donc? ajouta-t-elle avec surprise et frayeur. Tu as pleuré? Tu pleures encore?

GRIBOUILLE, *sanglotant.*

Je m'ennuie.

CAROLINE.

Et pourquoi n'es-tu pas rentré après avoir fini? Je ne croyais pas que tu en aurais pour plus de deux heures.

GRIBOUILLE.

Tu m'avais dit que tu me rejoindrais; je t'ai obéi.

CAROLINE.

Pauvre Gribouille! Tu as mal compris.

GRIBOUILLE.

Mais non; j'ai très-bien compris; tu m'as dit : « Je te rejoindrai. »

CAROLINE, *avec tristesse.*

C'est moi qui me suis mal expliquée, j'ai oublié que.... que.... tu étais un peu trop obéissant.

GRIBOUILLE.

Je t'ai promis de t'obéir exactement et toujours.

CAROLINE, *soupirant.*

Tu as raison.... Je me suis mal expliquée.... Emportons le linge, puisqu'il est fini de laver.

GRIBOUILLE.

Il n'est pas lavé du tout. Je ne l'ai pas seulement défait.

CAROLINE.

Comment pas lavé, pas défait! Mais qu'as-tu donc fait depuis deux heures?

GRIBOUILLE.

Je t'ai attendue.

CAROLINE.

Mais.... je t'avais dit....

GRIBOUILLE.

Tu m'as dit : « Porte le paquet de linge au la- « voir; » je l'ai porté.

CAROLINE.

Et tu ne l'as pas lavé?

GRIBOUILLE.

Tu ne me l'avais pas dit; je t'ai obéi exactement.

CAROLINE.

Oui!... c'est vrai.... tu as obéi exactement.... très-exactement.... C'est encore moi qui ai tort. J'aurais dû t'expliquer plus clairement....

GRIBOUILLE.

Est-ce que tu aurais désiré?...

CAROLINE, *souriant*.

Trouver le linge lavé, mon bon Gribouille; mais pour me punir de t'avoir si mal expliqué ton ouvrage, je vais m'y mettre avec toi; nous irons vite à nous deux.

GRIBOUILLE.

Et tes robes?

CAROLINE.

Mes robes viendront après; j'ai beaucoup dormi cette nuit; je veillerai un peu ce soir, et tout sera réparé.

GRIBOUILLE.

Non, Caroline, je vois bien que c'est ma faute, quoique tu ne le dises pas; c'est moi qui la réparerai. Va travailler; je vais laver tout le linge tout seul et je ne le rapporterai que lorsque j'aurai tout fini.

CAROLINE.

Tu ne le pourras pas avant la nuit, mon frère.

GRIBOUILLE.

Je le pourrais; je sais bien ce qu'il y avait de linge du temps de maman, j'en lavais plus que cela dans la journée.

CAROLINE.

Oui, dans la journée; mais tu n'as plus qu'une demi-journée à présent.

GRIBOUILLE.

C'est égal; tu vas voir.

Et Gribouille défaisant vivement le paquet, ôta sa blouse, releva les manches de sa chemise, mit un drap sale sous ses genoux et se mit à laver, à frotter avec une telle activité que Caroline consentit à le laisser faire sa besogne, lui promettant de revenir dans deux heures pour le faire dîner.

Caroline revint effectivement à une heure de l'après-midi, mais elle n'eut pas besoin d'aller jusqu'au lavoir; elle rencontra Gribouille qui revenait avec son lourd paquet de linge mouillé, bien blanc, bien lavé et prêt à être étalé pour sécher. Elle voulut le décharger de ce poids; il ne consentit pas à le lui abandonner, et ne déposa le paquet que dans le grenier où il devait rester.

Gribouille était rouge et suant, mais content et radieux. Caroline loua son courage, l'embrassa et essuya son front et ses cheveux mouillés. Après quoi ils se mirent à table. Le travail leur avait donné de l'appétit; ils mangèrent avec délices la soupe aux légumes, l'œuf dur et le beurre frais qui composaient leur repas. Caroline donna à Gribouille et se donna à elle-même une heure de repos pour le dîner et la conversation, après quoi Gribouille alla bêcher le jardin et Caroline continua les robes de Mme Delmis.

V

Vengeance de Rose.

A la fin de la semaine, l'ouvrage était terminé; Caroline, escortée de Gribouille, qui portait le paquet, alla le remettre à Mme Delmis.

Le premier visage qu'ils aperçurent fut celui de Mlle Rose; elle leur adressa la parole d'un ton sec et impertinent.

« Que voulez-vous ? Que demandez-vous ? Mme Delmis ne se charge plus de nouveaux pauvres ; elle en a assez sans vous.

CAROLINE, *avec douceur.*

Ce n'est pas la charité que nous venons demander, mademoiselle Rose; mon frère m'aide à rapporter à Mme Delmis les robes qu'elle m'a commandées. Ayez la bonté, mademoiselle, de la prévenir que je les lui apporte et que je voudrais bien les essayer pour voir comment elles vont.

MADEMOISELLE ROSE, *brusquement*.

Laissez ça là; on verra bien sans vous; Mme Delmis est occupée.

CAROLINE.

Quand pourrai-je revenir pour le payement, mademoiselle?

MADEMOISELLE ROSE.

Vous êtes bien pressée! Est-ce qu'il n'y a que vous à payer?

CAROLINE.

Pardon, c'est qu'après la mort de maman j'ai eu des frais d'enterrement à acquitter, qui ont mangé tout ce qui me restait d'argent.

MADEMOISELLE ROSE.

Voici ce que rapporte l'orgueil! Mademoiselle a voulu faire comme si elle était riche; il a fallu un beau luminaire, une grand'messe, comme pour les grands seigneurs; et ensuite mademoiselle n'a pas de pain et vient tourmenter les maîtres sans leur donner seulement le temps de voir un ouvrage!

Caroline ne répondit pas; elle appela son frère, ouvrit précipitamment la porte et s'éloigna à grands pas, se croyant suivie de Gribouille.

Mais Gribouille, que les airs insolents de Mlle Rose avaient agacé, vit bien, au visage contracté de Caroline, qu'elle avait été gravement insultée; au lieu de suivre sa sœur, il saisit à terre un pot plein d'eau grasse, et, s'approchant de Mlle Rose qui leur avait tourné le dos avec mépris, il la coiffa du pot, l'eau sale se répandant sur elle depuis les cheveux jusqu'aux pieds; après quoi, il ouvrit vi-

vement, mais sans bruit, la porte de la cuisine, et rejoignit sa sœur en courant.

Mlle Rose, d'abord suffoquée par l'eau, se débarrassa de sa coiffure, et regardant autour d'elle avec rage et surprise, se trouva seule; elle courut ouvrir la porte, ne vit personne, et crut que son bourreau s'était caché dans la maison; elle commença immédiatement ses recherches, courant de chambre en chambre, jusqu'à ce qu'elle arriva au salon, où étaient réunis M. et Mme Delmis et quelques amis.

A la vue de Rose effarée, inondée, ruisselante d'eau grasse et infecte, chacun se leva; tous demandèrent avec une certaine frayeur :

« Qu'y a-t-il? qu'est-il arrivé?

ROSE.

Le scélérat! le misérable! Je cherche le gueux, le gredin qui m'a trempée. Où est-il? L'avez-vous vu? Qu'est-il devenu? J'ai cherché partout.

MONSIEUR DELMIS.

Vous êtes folle, Rose! Comment vous êtes-vous mise dans cet état? De quel scélérat parlez-vous?

ROSE.

Le scélérat qui m'a coiffée! Si je le trouve, je lui casserai les dents, je lui ferai prendre un bain dans la marmite....

MONSIEUR DELMIS.

Taisez-vous! En voilà assez! Sortez et allez changer de vêtements; vous salissez mes meubles et mon parquet. »

Rose, qui commençait à reprendre son sang-froid, vit à l'air sec de M. Delmis qu'il était sérieusement mécontent; ne comprenant rien à cette incartade qu'elle avait fort mal expliquée. Elle se retira donc sans mot dire, alla se débarbouiller et changer de vêtements, et resta d'autant plus irritée qu'elle ne savait à qui attribuer son accident; elle en soupçonna Gribouille un instant, mais ne l'ayant pas vu près d'elle, le sachant très-borné et ne supposant pas qu'il eût rien compris aux impertinences qu'elle avait débitées à Caroline, elle crut qu'il était parti avec sa sœur, et que d'ailleurs il n'aurait jamais eu l'ingénieuse et infernale pensée de se venger d'une façon aussi habile, ni l'adresse de s'esquiver assez promptement pour qu'elle ne le vît pas. Elle supposa que quelqu'un s'était glissé dans la cuisine à la suite de Caroline, qu'il s'était caché dans la maison, peut-être dans la cuisine même, et qu'il s'était échappé pendant qu'elle courait de chambre en chambre à sa recherche. Elle rejeta toute sa colère sur l'innocente Caroline, et résolut de commencer le cours de ses vengeances; à cet effet, elle passa la soirée à repincer et arranger les robes de Mme Delmis, afin qu'elles fussent trop étroites et ne pussent pas être mises.

Le lendemain, Mme Delmis lui reparla de son aventure de la veille, que Mlle Rose expliqua avec calme et douceur. Mme Delmis ne put s'empêcher de sourire au récit de la colère de Mlle Rose, et, pour faire diversion, elle lui demanda si Caroline n'avait pas apporté ses robes.

A la vue de Rose chacun se leva. (Page 65.)

ROSE.

Elle les apporte à l'instant, madame. Si madame veut, je vais les lui monter.

MADAME DELMIS.

Oui, apportez-les; je veux les essayer, quoique avec Caroline ce soit une précaution inutile; elles vont toujours à merveille.

Mlle Rose sourit méchamment en répondant :

« Oh! quant à cela, madame a raison; c'est une ouvrière incomparable. »

Quand les robes furent montées, Mme Delmis en essaya une : les manches n'entraient pas; l'entournure était étroite.

MADAME DELMIS.

Rose; mais voyez donc; je ne peux pas passer le bras dans la manche, elle est trop étroite.

ROSE.

Madame croit? C'est peut-être l'étoffe qui ne prête pas. Si madame tirait un peu.

MADAME DELMIS.

Je tire tant que je peux, ça nè passe pas. Je ferais craquer la couture si je tirais plus fort.

ROSE.

C'est pourtant vrai ! Madame a raison. Comment ça se fait-il ? Caroline qui travaille si bien, qui n'a jamais manqué une robe à madame !

MADAME DELMIS.

Donnez-moi l'autre que je l'essaye. Pourvu qu'elle aille bien !

ROSE.

Madame pense bien que si Caroline a manqué une robe, elle ne peut pas en avoir manqué deux.

Mme Delmis essaye sa robe.

MADAME DELMIS.

A la bonne heure ! les manches entrent bien à celle-ci.... Ah ! mon Dieu ! le corsage ne joint pas par-devant ! Impossible de le boutonner

ROSE.

C'est-il drôle que Caroline se soit trompée de mesure.... Est-ce que, par hasard, ce ne serait pas elle qui les faisait avant ?

MADAME DELMIS.

Comment, pas elle ! Qui voulez-vous qui les lui fasse ?

ROSE.

On m'avait déjà dit que c'était sa mère qui taillait et bâtissait les robes, et que Caroline ne faisait que les coudre. J'avais toujours traité ces propos de mensonges ; mais.... d'après ce qui arrive aux robes de madame, je croirais assez qu'on a dit vrai.

MADAME DELMIS.

Pourquoi ne m'avez-vous pas avertie? Je n'aurais donné à faire qu'une seule robe pour voir ce qui en était. Je parie que les autres ne vont pas aller non plus. Ce sera bien votre faute, Rose; je ne suis pas contente du tout de votre sotte réserve.

ROSE.

Madame sait qu'on dit tant de choses qui ne sont pas vraies! Si on croyait tout ce qui se dit, et qu'on allât le répéter partout, on ferait du tort à de braves gens qui ont besoin de gagner leur vie. Je n'aime pas Gribouille, qui est brutal et grossier ; mais je ne déteste pas Caroline, et je n'aurais pas choisi le moment de son malheur pour lui faire perdre les bontés de madame et son gagne-pain. Madame a été si bonne pour elle ! C'est à madame qu'elle doit toutes ses pratiques.

MADAME DELMIS.

Elle reconnaît singulièrement mes bontés en me gâchant deux robes.

ROSE.

Les autres iront peut-être bien. Madame ne les a pas essayées, puisque Caroline les a encore.

MADAME DELMIS.

Mais celles-ci ! comment refaire des choses trop étroites ?

ROSE.

Madame a encore de l'étoffe de reste ; on pourrait faire de nouveaux corsages et de nouvelles manches.

MADAME DELMIS, *avec colère.*

Et acheter de nouvelles robes aussi ! Taisez-vous, Rose, vous m'impatientez en voulant justifier une petite sotte qui m'a trompée en me faisant croire qu'elle savait travailler, tandis que c'était sa mère qui faisait tout l'ouvrage difficile ! Allez me chercher Caroline.

74   LA SŒUR DE GRIBOUILLE.

Mlle Rose ne se le fit pas dire deux fois, et courut à toutes jambes chez Caroline.

« Ma maîtresse vous demande, dit-elle d'un air triomphant et moqueur.

— C'est sans doute pour me payer, pensa Caroline, qui se leva sans mot dit.

— Mademoille a perdu sa langue ! » reprit Mlle Rose d'un air moqueur.

Caroline la regarda d'un air triste et digne, et lui répondit doucement :

« Ce que vous me disiez ne demandait pas de réponse, mademoiselle. »

Mlle Rose n'osa pas répliquer ; le calme et la tristesse de Caroline lui causèrent un certain remords, et les regards terribles que lui lançait Gribouille lui faisaient redouter une attaque à main armée.

Caroline sortit la première ; Mlle Rose la suivit de loin, préférant ne pas assister à la scène qu'elle prévoyait devoir se passer entre Mme Delmis et Caroline.

« Madame m'a demandé ? dit Caroline en entrant chez Mme Delmis.

MADAME DELMIS, *avec une colère contenue.*

Oui, mademoiselle, je vous ai demandée ; devinez-vous pourquoi ?

CAROLINE.

J'ai pensé que madame voulait bien me payer ce qu'elle me devait, comme je l'en avais priée par l'entremise de Mlle Rose. Je suis bien fâchée d'importuner madame, mais la mort de ma pauvre mère m'a obligée à des dépenses qui ont épuisé ma petite bourse, et je compte sur madame, qui a toujours été si bonne pour moi.

MADAME DELMIS.

Et vous, mademoiselle, vous vous comportez comme une fille malhonnête et ingrate. Vous avez raison de venir chercher votre argent ; c'est le dernier que vous aurez de moi.... Tenez ; voici les soixante francs que je vous devais avant ces dernières robes que je ne vous payerai certainement pas, et je vous prie de me rapporter celles qui sont restées à faire. »

Caroline écoutait Mme Delmis avec une surprise toujours croissante. Elle restait muette et interdite, cherchant à expliquer ce qui pouvait avoir causé le mécontentement de Mme Delmis. Les soixante francs étaient étalés sur la table sans qu'elle eût fait un mouvement pour les prendre ni pour parler.

Mme Delmis leva les yeux et fut touchée de l'expression douloureuse qui se répandait sur le visage de la pauvre fille.

« Prenez votre argent, reprit-elle avec plus de douceur; je ne dis pas que je ne vous payerai jamais la façon de vos quatre dernières robes, mais il faut pour cela que vous me les arrangiez, car je ne peux pas les mettre telles qu'elles sont.... Parlez donc, Caroline? vous restez comme une statue sans dire, mot.

CAROLINE.

Pardon, madame.... c'est que.... je suis si étonnée.... je ne comprends pas ce que madame me reproche... Comment, en quoi ai-je pu mécontenter madame?...

MADAME DELMIS.

En vous faisant passer pour ce que vous n'étiez

pas, et en continuant à recevoir mes commandes après la mort de votre mère. »

La surprise de Caroline redoubla.

CAROLINE.

Mais.... madame m'a elle-même apporté ses robes à faire.... Depuis la mort de maman, j'ai plus que jamais besoin de travailler.... Je ne comprends pas davantage ce que madame me reproche.

— Je vous reproche de m'avoir gâché mes robes, qui vont horriblement, s'écria Mme Delmis avec impatience, et de ne m'avoir pas prévenue que c'était votre mère qui les taillait et bâtissait, et que vous ne savez que coudre l'ouvrage déjà préparé.

CAROLINE.

On a dit cela à madame ! et madame l'a cru ! Et depuis trois ans que madame me connaît, elle a pu croire à cette calomnie !... Je ne demande pas à madame de qui elle la tient, je ne le devine que trop ; mais tout ce que je puis dire, c'est que jamais ma mère n'a touché à mon ouvrage, qu'elle n'avait pas la force de tenir des ciseaux, et que l'ouvrage que j'ai livré à madame, et dont elle a été contente, était de moi et de moi seule.... Madame pense bien que je ne réclamerai pas l'argent qu'elle me refuse et que j'avais pourtant bien gagné.... J'ai l'honneur de présenter mon respect à madame en la quittant pour ne plus revenir, et de la remercier une dernière fois de ses bontés passées pour moi et ma pauvre mère.

Ce fut au tour de Mme Delmis d'être surprise des paroles calmes et dignes de Caroline, qui sortit avant que Mme Delmis pût la retenir.

VI

Explications.

En retournant chez elle, elle rencontra Mlle Rose qui la salua d'un air moqueur. Caroline passa sans la regarder, et, rentrant chez elle, elle ferma la porte, alla se jeter à genoux près du lit vide de sa mère, et éclata en sanglots. Gribouille la regardait avec étonnement.

« Pourquoi pleures-tu si fort, pauvre Caroline? lui dit-il en essayant de la soulever.

CAROLINE, *tressaillant*.

Tu es là, Gribouille? Je me croyais seule.

GRIBOUILLE.

Pourquoi pleures-tu? Dis, ma sœur, pourquoi pleures-tu?

CAROLINE.

Parce que Mme Delmis croit que je l'ai trompée; que je ne sais pas travailler; que j'ai manqué ses robes; que c'était maman qui les taillait. Elle dit qu'elle ne me payera pas le travail de toute la semaine dernière; qu'elle ne me fera plus travailler.

GRIBOUILLE.

Tu pleures pour cela ? Tu sais pourtant bien que cela n'est pas vrai !

CAROLINE.

Oui, mais ça fait de la peine de s'entendre accuser de tromperie quand on est honnête.

GRIBOUILLE.

Vraiment ! Eh bien ! c'est drôle, moi, ça ne me fait rien. Quand on m'a dit un jour : « Gribouille, tu « as volé des pommes ; il m'en manque beaucoup. » j'ai ri, moi, et j'ai répondu : « Je ne vous ai rien « volé du tout ; cherchez le voleur ailleurs ; ce n'est « pas moi. » Si Mme Delmis me disait : « Gribouille, « tu as mal bêché mon jardin, les pois ne lèvent « pas,... » je répondrais sans me troubler : « Ma-« dame, j'ai bien bêché votre jardin. Si les pois ne « lèvent pas, prenez-vous-en à Mlle Rose, qui pour-« rait bien m'avoir joué un méchant tour. » Et si elle disait : « Tu es un méchant, tu es un ingrat, » je dirais, toujours sans me déferrer : «Madame se trompe, « je suis bon et reconnaissant ; madame devrait être « honteuse d'avoir de mauvaises pensées comme elle « en a. » Si tu veux, ma sœur, je vais aller dire à Mme Delmis que tu es honnête, que tu travailles parfaitement, que tu n'as pas manqué ses robes, que c'est elle qui est une voleuse en ne te les payant pas, et que c'est tant pis pour elle si elle ne te fait plus travailler. Veux-tu ? j'y vais tout de suite.

CAROLINE.

Non, non, Gribouille, je t'en prie ; ne lui dis rien ; laisse-la garder son argent. J'ai bien d'autres pratiques qui me feront travailler ; j'espère ne pas manquer d'ouvrage ; je commence à en avoir plus que je n'en peux faire. J'ai encore des robes et du linge à finir pour la femme de l'adjoint, et puis pour la maîtresse d'école et pour quelques autres encore.

GRIBOUILLE.

Mais tu ne vas plus pleurer ?

CAROLINE.

Non, je te le promets ; je vais me mettre à l'ouvrage.

GRIBOUILLE.

A la bonne heure. Tu sais que M. le curé nous dit qu'il faut être content de tout ce que le bon Dieu nous envoie. Je suis toujours content, moi....

CAROLINE, *souriant*.

Excepté quand tu t'ennuies près de ton linge à laver.

GRIBOUILLE, *riant*.

Ah ! oui ; c'est vrai ! J'ai été bête ce jour-là ; mais.... j'ai réfléchi depuis, et je n'ai pas perdu mon temps, je t'assure. »

Pendant que Gribouille parlait, quelqu'un frappait à la porte.

« Entrez, dit Caroline. Tiens, c'est Thomas !

— Pardon, mamzelle ; c'est moi qui viens de la part de Mme Grébu, l'épouse de l'adjoint, pour vous demander ses robes.

CAROLINE.

Je ne les ai pas encore commencées, mon petit Thomas ; je vais m'y mettre tout de suite.

THOMAS.

Non pas, non pas, mamzelle ; Mme Grébu demande ses robes en pièce ; elle pensait bien que vous n'aviez pas encore eu le temps de les faire.

CAROLINE.

Elle ne veut donc pas que je les lui fasse?

THOMAS.

Faut croire que non, mamzelle.

CAROLINE.

Et pourquoi ? Sais-tu ?

THOMAS.

Je ne sais pas, mamzelle. Je passais devant la maison de Mme la mairesse : Mme Grébu, qui était dedans, m'appelle par la fenêtre ; j'approche ; elle me dit : « Thomas, cours vite chez Caroline ; de« mande-lui mes robes ; qu'elle me les rende finies « ou pas finies, et tous les morceaux avec ; j'espère « qu'elle ne les a pas encore commencées. »

CAROLINE.

Et Mme Delmis était avec elle?

THOMAS.

Non, il n'y avait que Mlle Rose qui riait, qui riait

de si bon cœur que le rire m'a gagné aussi, moi; et je suis parti courant et riant.

CAROLINE.

C'est bien, mon petit Thomas. Gribouille, va chercher les robes en pièce qui sont dans la grande armoire du cabinet; enveloppe-les dans un papier gris que tu trouveras en haut de l'armoire, et donne-les à Thomas; ne te trompe pas. »

Gribouille, très-empressé d'obéir à sa sœur, courut à l'armoire, prit les robes après les avoir bien examinées, les enveloppa dans le papier et les remit à Thomas.

« Adieu, mamzelle, dit Thomas en emportant le paquet. Bonsoir, Gribouille.

— Encore une méchanceté de Rose, pensa Caroline; pourvu qu'elle ne me fasse pas perdre ainsi toutes mes pratiques! »

Caroline, qui avait beaucoup d'autres ouvrages à terminer, alla, après quelques instants de tristes réflexions, chercher du linge à coudre. La première chose qui frappa ses regards en ouvrant l'armoire, fut le paquet des robes en pièce de Mme Grébu.

« Gribouille, Gribouille, s'écria-t-elle effrayée, qu'est-ce que tu as donné à Thomas? Voici les robes de Mme Grébu que je retrouve dans l'armoire.

GRIBOUILLE.

J'ai donné les robes en pièces, comme tu m'as dit.

CAROLINE.

Quelles robes donc ? Je n'en avais pas d'autres, et les voici.

GRIBOUILLE.

Ce n'est pas celles-là que j'ai données ; elles sont neuves ; j'ai donné les vieilles vieilles, celles que tu as serrées ici l'autre jour, parce qu'elles étaient en pièces et que tu ne pouvais plus t'en servir.

CAROLINE.

Miséricorde ! Qu'as-tu fait ? Ils vont croire que je veux les voler. Cours, mon pauvre Gribouille, rattrape Thomas, ramène-le, dis-lui que tu t'es trompé, que j'ai les robes.

GRIBOUILLE.

J'y vais, ma sœur, j'y vais ! C'est-y du malheur que Caroline dise toujours une chose pour une autre ! Et puis on dit que c'est moi qui suis bête. »

Gribouille pensait ainsi tout en courant ; il eut beau se presser, Thomas, qui avait couru aussi, était arrivé avant lui. Il avait remis le paquet à Mme Grébu, qui poussa un cri en l'ouvrant.

« Tenez, ma chère, voyez ce qu'elle m'envoie en place de mes belles robes neuves, dit-elle en faisant voir à Mme Delmis trois vieilles robes en loques qu'elle étalait avec indignation,

MADAME DELMIS.

Mais c'est abominable, ça ! C'est à la faire arrêter. Monsieur Delmis, monsieur Delmis, continua-t-elle, venez-donc par ici, dépêchez-vous ; c'est pressé.

— Qu'y a-t-il ? dit M. Delmis en sortant de son cabinet de travail.

MADAME GRÉBU.

Il y a, monsieur, qu'il faut faire arrêter Caroline Thibaut comme voleuse ; elle a gardé deux robes en pièce que je lui avais données à faire, et voilà ce qu'elle m'envoie en place.

LE MAIRE.

Pas possible ; il y a quelque méprise là-dessous.

MADAME GRÉBU.

Quelle méprise voulez-vous qu'il y ait ? Je lui demande mes robes ; elle m'envoie ce que vous voyez. C'est par trop fort, en vérité !

MONSIEUR DELMIS.

C'est précisément parce que c'est trop fort, que je dis et maintiens qu'on s'est trompé, qu'il y a erreur.

MADAME DELMIS.

Vous êtes toujours comme ça, monsieur Delmis; vous n'écoutez personne, vous ne croyez personne; il semblerait qu'il n'y ait que vous de sensé dans le monde. Moi, je dis qu'il y a vol et je vous somme, comme maire, au nom de mon amie, madame l'adjointe, de faire arrêter la voleuse. »

M. Delmis sourit en levant les épaules ; au moment où il allait répondre, Gribouille entra précipitamment dans la chambre, suivi ou plutôt saisi par Mlle Rose, qui le retenait de toutes ses forces et dont il cherchait à se débarrasser à coups de pied et à coups de poing.

Les deux femmes poussèrent un cri suivi de plusieurs autres. « A l'assassin ! criaient-elles, à l'assassin ! C'est le frère de la voleuse ! Il égorge Rose ! Au secours !

— Taisez-vous donc, cria d'un ton impérieux M. Delmis. Vous allez émeuter toute la ville.

— C'est ce que nous voulons, puisque vous n'avez

pas le courage d'arrêter les coupables, riposta Mme Delmis.

MONSIEUR DELMIS.

Silence ! Rose, lâchez Gribouille ; laissez-le parler ! Que veux-tu, mon garçon ?

GRIBOUILLE.

C'est ma sœur qui m'envoie, monsieur le maire, pour vous dire qu'elle s'est mal expliquée, comme elle en a l'habitude avec moi ; elle m'a dit : « Va chercher dans l'armoire les robes en pièce de Mme Grébu. Moi, je comprends que des robes en pièce sont des robes en pièces.... en morceaux.... n'est-ce pas, monsieur le maire?

— Continue, Gribouille, dit le maire en souriant; car il commençait à comprendre.

GRIBOUILLE.

Je prends les robes les plus déchirées, les plus en pièces, comme elle l'avait dit elle-même; je les enveloppe dans le papier gris, comme elle me l'avait dit, et je les donne à Thomas, toujours comme elle me l'avait dit. Mais voilà qu'après être restée un moment, tout comme une statue, sans bouger, sans sourire, toute pâle, elle va à l'armoire et crie : « Ah! mon Dieu! Gribouille! Miséricorde! les ro- « bes! les voilà! les voici! Cours vite! Elles diront! « elles croiront! Dis que tu t'es trompé! que j'ai les « robes!... » Et je ne sais quoi encore de voleuse, de Thomas, de le rattraper. Et alors, monsieur le maire, j'ai couru, couru ; mais Thomas avait couru plus vite que moi. Et puis ne voilà-t-il pas que Mlle Rose me barre le passage! « Tu n'entreras « pas, me dit-elle. — J'entrerai, que je lui réponds. « — Tu n'iras pas. — J'irai. » Bref, elle me saisit par ma veste; je lui lance un coup de pied ; elle m'assène un coup de poing.... et fameux, encore.... Je me débats de mon mieux, je joue des pieds et des mains, et me voici, toujours pour obéir à ma sœur. »

Le maire, que le récit de Gribouille avait beaucoup amusé, se tourna vers les dames.

« Vous voyez ! Qui avait raison de nous deux ? »

Ensuite se tournant vers Rose, qui était restée à la porte, rouge et haletante :

« Rose, si jamais vous recommencez ce que vous avez fait aujourd'hui, vous quitterez mon service immédiatement. »

S'adressant ensuite à Gribouille :

« Prends ton paquet de robes, mon pauvre garçon, et dis à ta sœur qu'elle ne s'afflige pas, qu'elle renvoie à Mme Grébu ce qui lui appartient, et que, si elle a besoin de moi, je suis prêt à lui rendre service. Toi, tu es un bon garçon, très-bon.... très-honnête ; je m'intéresse à toi et à ta sœur. Dis-le à Caroline. »

Gribouille, enchanté, salua M. le Maire, Mme Delmis, Mme Grébu.

« Ces dames ont-elles quelques ordres à me donner ? leur dit-il de son air le plus aimable.

— Va-t'en et ne mets plus les pieds chez moi, » répondit Mme Delmis.

Gribouille la regarda d'un air étonné, ne répondit pas et sortit en adressant un dernier salut au maire.

« Qu'avez-vous donc contre ce pauvre Gribouille ? dit M. Delmis en souriant.

MADAME DELMIS, *avec humeur*.

J'ai ce que j'ai ; cela ne vous regarde pas ; il ne vaut pas mieux que sa sœur.

MONSIEUR DELMIS.

Je croyais sa sœur une de vos grandes favorites; c'est à elle que vous donnez à faire toutes vos robes.

MADAME DELMIS.

Je donnais, je ne donne plus.

MONSIEUR DELMIS.

Pourquoi cela? Est-ce parce qu'elle a perdu sa mère et qu'elle a plus besoin que jamais de gagner son pain?

MADAME DELMIS.

Parce qu'elle m'a si bien manqué mes dernières robes que je ne peux pas les porter.

MONSIEUR DELMIS.

Je croyais qu'elle travaillait si bien.

MADAME DELMIS.

Oui, tant que sa mère a vécu, parce que c'était sa mère qui taillait et préparait l'ouvrage.

MONSIEUR DELMIS.

Qui est-ce qui vous a dit cela?

MADAME DELMIS.

C'est Rose.

MONSIEUR DELMIS.

Ah! ah! c'est Rose. Et comment l'a-t-elle su?

MADAME DELMIS.

Elle l'a su, parce qu'on le lui avait dit; elle l'a cru parce qu'elle a vu mes robes allant horriblement.

MONSIEUR DELMIS.

Qui est-ce qui vous a apporté vos robes à essayer ?

MADAME DELMIS.

C'est Rose.

MONSIEUR DELMIS.

Depuis quand les avait-elle ?

MADAME DELMIS.

Depuis cinq minutes.

MONSIEUR DELMIS.

Ah !... Alors c'est différent !

MADAME DELMIS.

Différent ! Quoi, différent ? Qu'est-ce que vous pensez ?

MONSIEUR DELMIS.

Je croyais, si elle les avait eues de la veille, qu'elle les aurait retaillées, retravaillées, par méchanceté contre Caroline, qu'elle déteste.

MADAME DELMIS.

Qu'elle déteste ? Mais, au contraire, elle l'aime assez ; elle me le disait encore ce matin.

MONSIEUR DELMIS.

Pendant qu'elle perdait Caroline dans votre esprit ! Mes rapports de police me font savoir positivement qu'elle la déteste et que c'est une mauvaise femme. Êtes-vous bien sûre que les robes n'avaient pas été apportées de la veille ?

MADAME DELMIS.

Elle me l'a dit; je n'ai pas pris d'autres informations, comme vous pensez. »

M. Delmis ne dit plus rien, et, saluant Mme Grébu, il rentra dans son cabinet.

Ces dames, restées seules, se regardèrent.

« Qu'en pensez-vous? dit enfin Mme Grébu.

MADAME DELMIS.

Je n'en sais rien; je ne sais que croire. Tenez, ma chère, faisons une chose; prenons les robes et allons les montrer à Caroline, comme pour les faire arranger.

MADAME GRÉBU.

Je ne demande pas mieux; allons. »

Mme Delmis fit un paquet de ses deux robes et alla chez Caroline, accompagnée de Mme Grébu. Quand ces dames entrèrent, Caroline, surprise et effrayée, se leva précipitamment.

MADAME DELMIS.

N'ayez pas peur, Caroline; on m'avait dit ce matin que vous ne saviez pas faire les robes, que c'était votre mère qui les taillait; je l'ai cru parce que mes robes étaient manquées, et je vous les apporte pour que vous voyiez si vous pouvez les arranger.

CAROLINE.

Je remercie bien madame; je n'osais pas le demander, d'après ce que madame avait dit ce matin.

Et Caroline, défaisant le paquet, examina une robe, puis l'autre.

CAROLINE.

Les corsages et les manches ont été retouchés, madame; on les a retaillés.

MADAME DELMIS.

C'est impossible! Je les ai essayées cinq minutes après que vous les avez apportées.

Caroline parut surprise.

CAROLINE.

Madame me permettra-t-elle de lui demander quand elle les a essayées?

MADAME DELMIS.

Ce matin, à dix heures.

CAROLINE.

Je les ai apportées hier, avant quatre heures de l'après-midi.

MADAME DELMIS.

J'y étais; pourquoi ne me les avez-vous pas montées?

CAROLINE.

Mlle Rose n'a pas voulu; elle nous a dit que madame était occupée.

— C'est très-singulier, dit Mme Delmis.

CAROLINE.

Madame veut-elle voir? Voici des points défaits; voilà des morceaux d'étoffes coupés. Que madame voie comme c'est mal cousu; madame sait que je n'ai pas l'habitude de livrer de l'ouvrage mal fait.

MADAME DELMIS.

C'est vrai. Votre ouvrage est toujours propre et fait avec soin.

CAROLINE.

Si madame veut me laisser ces robes, je tâcherai de les arranger, en y mettant des morceaux du mieux qu'il me sera possible. Seulement je prierai madame de venir les essayer ici.

— Bien, très-bien! dit Mme Delmis en souriant; je devine ce que vous craignez.... Gribouille est-ce que Rose aime ta sœur?

GRIBOUILLE.

Non, madame, elle la déteste.

MADAME DELMIS.

Pourquoi cela, et depuis quand?

Gribouille raconta à Mme Delmis l'aventure de la robe, la colère de Mlle Rose, ses menaces au sujet des robes faites par Caroline. Mme Delmis surprise écoutait, tantôt riant des naïvetés de Gribouille, tantôt indignée de la méchanceté de Rose.

MADAME DELMIS.

J'aurai soin que ces mauvais procédés ne recommencent pas, ma pauvre Caroline; Mlle Rose va avoir son paquet à mon retour.

GRIBOUILLE.

Madame veut-elle que je le lui porte?

MADAME DELMIS, *riant.*

Non, non, Gribouille; le paquet que je veux lui donner sera une bonne gronderie et un avertissement de chercher une autre maison que la mienne pour exercer ses méchancetés.

Mme Delmis dit adieu à Caroline et à Gribouille, et sortit pour retourner chez elle, accompagnée de Mme Grébu, qui n'avait pas dit une parole.

MADAME DELMIS.

Je m'étonne, ma chère, que vous n'ayez pas parlé; je croyais que vous alliez dire à Caroline de faire vos robes.

MADAME GRÉBU.

J'aime mieux attendre que les vôtres soient arrangées, pour me bien convaincre que c'est vraiment elle qui les fait.

MADAME DELMIS.

Comment! vous croyez encore ce que nous a dit cette méchante Rose?

MADAME GRÉBU.

Pas tout à fait, mais un peu; j'ai besoin d'une preuve, et vos robes en seront une.

Ces dames rentrèrent; Rose était sortie. Peu de temps après, Mme Delmis reçut la visite de plusieurs amies, qui toutes venaient la consulter sur ce qu'elles devaient faire au sujet de Caroline, qui avait abîmé les robes de Mme Delmis, et qui devait les manquer toutes, ne sachant pas les tailler.

« De qui tenez-vous ce mensonge? demandait Mme Delmis.

— De Rose, » répondaient toutes ces dames.

Mme Delmis justifiait Caroline, et défaisait ainsi le mal qu'aurait voulu lui faire son ennemie.

VII

Vaisselle brisée.

Quand Rose fut de retour, Mme Delmis la fit venir, lui fit part de ce qu'elle avait appris, la prévint qu'elle ne la garderait pas à son service et qu'elle allait chercher une nouvelle bonne. Mlle Rose fit semblant de pleurer, protesta de son innocence et fit mine de vouloir s'évanouir. M. Delmis, qui entrait au même moment, saisit une cruche pleine et versa toute l'eau sur Mlle Rose, qui revint promptement à elle et lança à son maître un regard plein de vie et de colère.

MONSIEUR DELMIS, *avec un rire moqueur.*

Je vous engage, Rose, à vous souvenir de cet excellent procédé pour faire revenir les gens évanouis : de l'eau jusqu'à ce qu'on soit tout à fait bien.

Mlle Rose n'osa pas répondre ; elle sortit précipitamment. Quand elle fut dans sa cuisine, elle pleura de rage et dans sa colère, elle versa du sucre dans les plats salés, du sel et du poivre dans les crèmes et les pâtisseries ; le reste du dîner fut assaisonné de la même façon, de sorte qu'il ne fut pas mangeable.

Mme Delmis s'écria que Rose voulait les empoisonner. M. Delmis alla à la cuisine et fit à Rose des reproches auxquels celle-ci répondit avec humeur. M. Delmis se fâcha ; Mlle Rose s'emporta. M. Delmis la menaça de la faire partir sur-le-champ ; Mlle Rose répondit qu'elle s'en souciait comme d'une bulle d'air ; qu'elle ne tenait pas à la maison ; qu'elle n'aurait pas de peine à trouver mieux, etc.

MONSIEUR DELMIS.

Faites vos paquets, insolente ! vous partirez dès demain.

ROSE.

Avec plaisir et sans regret ; j'en dirai de belles de votre maison.

MONSIEUR DELMIS.

Votre méchante langue dira ce qu'elle voudra quand vous ne serez plus chez moi ; jusque-là, taisez-vous !

ROSE.

Plus souvent que je me tairai ! Je suis libre de ma langue, moi, et personne n'a le droit de m'empêcher de m'en servir.

Rose se trouvait dans le lavoir pendant cette scène. Pour couper court à ses impertinences,

M. Delmis tira la porte et l'enferma à double tour ; n'écoutant ni ses cris, ni ses menaces, il retira la clef, la mit dans sa poche et remonta dans la salle à manger, où Mme Delmis et les enfants achevaient leur dîner avec du fromage, du beurre, des radis, des fruits, qui avaient échappé à la fureur de Rose.

MADAME DELMIS.

Eh bien? comment excuse-t-elle son détestable dîner?

MONSIEUR DELMIS.

L'excuser ! Ah oui ! elle m'a dit cinquante sottises. Je l'ai mise à la porte, elle a redoublé ses injures et ses menaces. Enfin, je l'ai enfermée dans le lavoir, et je vais l'y laisser jusqu'au soir, pour rafraîchir son sang échauffé par la colère.

A peine M. Delmis finissait-il de parler qu'on entendit un grand bruit dans la cuisine qui se trouvait sous la salle à manger.

« Qu'est-ce donc?... s'écria M. Delmis. Encore ! et encore !... Mais qu'arrive-t-il donc? on dirait que c'est de la vaisselle qu'on brise.

MADAME DELMIS.

Grand Dieu ! le lavoir était plein de vaisselle ! Monsieur Delmis, qu'avez-vous fait? C'est Rose qui brise tout.

MONSIEUR DELMIS.

J'ai enfermé le loup dans la bergerie ; je vais vite arrêter les dégâts.

MADAME DELMIS.

Arrêter! quand tout est brisé. Mes belles tasses de porcelaine à fleurs qui étaient au lavoir! Ah! monsieur Delmis! pourquoi avoir enfermé là dedans cette méchante fille?

MONSIEUR DELMIS.

Est-ce que je savais, moi?... Allons! encore quelque chose de cassé; j'y cours. »

Et M. Delmis, suivi de Mme Delmis, que suivaient les enfants, courut au lavoir et ouvrit la porte. Un spectacle déplorable s'offrit à leurs regards : assiettes, tasses, plats, soupières, etc., tout était à terre, brisé en mille morceaux. Mlle Rose, armé d'un sabot, achevait le peu d'objets que sa fureur avait épargnés; l'œil étincelant, le visage en feu, les cheveux en désordre, les bras nus, elle ressemblait à une furie. Quand elle vit la porte ouverte, elle se précipita pour se frayer un passage.

« Vous allez goûter de la prison, s'écria M. Delmis, qui voulut l'arrêter en la saisissant par ses jupes; » mais d'un coup de sabot, elle lui fit lâcher prise et se sauva, laissant Mme Delmis et les enfants saisis de frayeur.

« Quelle furie! s'écria M. Delmis. Je ne peux pas laisser impunie une semblable conduite; en qualité de maire, je pourrais la faire poursuivre et mettre en prison. »

M. Delmis remonta chez lui pendant que sa

Quelle furie! s'écria M. Delmis. (Page 100.)

femme et ses enfants constataient les dégâts et cherchaient vainement de la vaisselle échappée à sa colère : rien n'avait été oublié ; tout était brisé.

« Qu'allons-nous faire, maman? dit Émilie; nous n'avons plus personne pour nous servir.

MADAME DELMIS.

Je n'y ai pas encore songé, ma petite; nous en causerons quand ton père sera revenu.

ÉMILIE.

En attendant, si vous voulez, maman, Georges et moi, nous ferons l'ouvrage de la maison.

MADAME DELMIS.

Impossible, mes chers enfants. Comment iriez-vous au marché? comment feriez-vous la cuisine? Et puis tout le service de la table, de l'appartement, vous ne le pourriez pas !

ÉMILIE.

Eh bien! maman, si nous demandions à Caroline de venir nous aider?

MADAME DELMIS.

Tiens! c'est une bonne idée que tu as là; nous irons lui en parler dès que ton père sera de retour au salon.

GEORGES.

Voulez-vous que j'aille voir s'il y est, maman?

MADAME DELMIS.

Oui, mon ami; viens me le dire tout de suite. »

Georges se précipita vers l'escalier et trouva son père qui revenait. Mme Delmis, allant à lui, proposa de sortir pour aller demander à Caroline de leur venir en aide jusqu'à ce qu'il eussent trouvé une bonne.

« Très-volontiers, dit M. Delmis ; je crois que vous avez là une excellente pensée qu'on pourrait même rendre encore meilleure.

MADAME DELMIS.

Comment cela?

MONSIEUR DELMIS.

En proposant à Caroline d'entrer tout à fait à notre service.

MADAME DELMIS.

C'est vrai! Mais que fera-t-elle de Gribouille?

MONSIEUR DELMIS.

Elle le mettra dans quelque maison ou établissement de charité ; il est évident que Gribouille ne peut entrer au service de personne. »

Mme Delmis prit son chapeau et une ombrelle, et on alla chez Caroline. M. Delmis fit part à sa femme des réflexions qu'il avait faites au sujet de l'arrestation de Mlle Rose, qui n'aurait pu échapper à la prison qu'elle avait méritée.

« Cette femme verrait tout son avenir perdu, dit-il ; j'ai préféré lui en laisser la peur sans exécuter ma menace. »

Caroline fut très-surprise de voir M. et Mme Delmis. Gribouille leur offrit des chaises. Mme Delmis expliqua à Caroline le but de leur visite.

« Je remercie bien Madame de la confiance dont elle m'honore, répondit Caroline avec simplicité, et je regrette beaucoup, oui, beaucoup, de ne pouvoir accepter l'offre si obligeante de Madame.

MADAME DELMIS.

Pourquoi pas, Caroline? Je vous offre plus de gages que ce que vous gagneriez dans toute votre année par le travail le plus obstiné.

CAROLINE.

Je ne puis abandonner mon frère, madame; que deviendrait-il, sans moi?

— Ne vous inquiétez pas de votre frère, Caroline, dit M. Delmis; je me charge de le faire recevoir dans quelque établissement de charité où il sera très-bien. »

Caroline se retourna vers Gribouille; il la regardait avec tristesse et affection. Elle répondit en secouant la tête :

« Jamais, monsieur; jamais je n'abandonnerai Gribouille; je l'ai promis à ma mère; mon frère ne me quittera jamais.

MADAME DELMIS.

Ce n'est pas raisonnable, Caroline; votre existence serait bien plus heureuse et plus assurée chez moi; vos gages dépasseront ce que vous gagneriez en restant chez vous; si vous êtes malade, vous serez soignée et payée tout de même, tandis qu'une maladie vous mettrait dans la misère ainsi que Gribouille.

CAROLINE.

Il y a du vrai dans ce que dit Madame: mais je ne peux pas manquer à la promesse faite à ma mère, ni oublier que loin de moi mon pauvre frère serait malheureux.

GRIBOUILLE, *joignant les mains et les yeux pleins de larmes.*

Caroline, Caroline, ne t'en va pas; oh! ne t'en va pas. Si je ne te voyais pas, je mourrais comme maman.

CAROLINE.

Non, mon frère, non, je ne m'en irai pas; jamais! à moins que le bon Dieu ne me sépare de toi par la mort.

GRIBOUILLE.

Alors ce serait différent! je saurais que tu es heureuse, que le bon Dieu veut t'avoir, et alors, je tâcherais de mourir aussi bien vite pour te rejoindre.

— Écoutez, Caroline, reprit M. Delmis, ému du dévouement de la sœur et de l'affection du frère, écoutez; il y a moyen de tout arranger; entrez chez moi avec Gribouille. Tous les obstacles tombent par cet arrangement.

CAROLINE.

Avec Gribouille! oh! monsieur, c'est trop bon,

trop généreux, en vérité.... Je n'ose pas accepter. Je craindrais.... Monsieur oublie peut-être....

MONSIEUR DELMIS, *souriant*.

Non, je n'oublie rien, Caroline, mais je pense que Gribouille nous sera très-utile pour bien des choses; le service de table, frotter les appartements, aider au jardin, faire des commissions.... Oh! soyez tranquille; je vois bien ce que vous craignez. Je lui expliquerai si bien mes commissions, qu'il ne pourra pas s'y tromper.

GRIBOUILLE.

C'est-y possible! Je logerais chez vous? je mangerais chez vous? je travaillerais pour vous? je ne quitterais pas ma sœur, ma bonne Caroline?

MONSIEUR DELMIS.

Oui, mon garçon, je vous propose tout cela à tous deux. Acceptez-vous?

GRIBOUILLE.

Oh! moi d'abord, j'accepte. Accepte, Caroline, accepte donc. Dépêche-toi; Monsieur n'a qu'à changer d'idée.

MONSIEUR DELMIS, *riant*.

Non, non, Gribouille; je ne change pas une idée quand elle est bonne. Je ne change que les mauvaises.

GRIBOUILLE.

C'est bien! très-bien! Je puis dire que j'approuve Monsieur, je l'engage bien à continuer.

Certainement, Monsieur aura toute mon estime et celle de ma sœur; n'est-ce pas, Caroline?

CAROLINE.

Pardon, monsieur, si j'ai l'air d'hésiter; je suis si reconnaissante de l'offre si généreuse de Monsieur et de Madame, que je ne sais comment m'exprimer. Ce sera un bonheur véritable pour moi de pouvoir reconnaître par mon zèle, par mon dévouement, toutes les bontés de Monsieur et de Madame.

MADAME DELMIS.

Vous acceptez donc, Caroline?

CAROLINE.

Madame peut-elle douter que j'accepte, et avec quelle reconnaissance, quel bonheur!

MONSIEUR DELMIS.

Alors, ma bonne Caroline, il faut que vous entriez tout de suite, car Rose est partie.

CAROLINE.

Elle a quitté Madame?

MONSIEUR DELMIS.

C'est-à-dire que c'est moi qui l'ai chassée, pour des injures grossières qu'elle m'a adressées. »

Caroline réprima sa surprise et son indignation, de crainte d'irriter davantage contre Rose; elle demanda la permission de n'entrer que le lendemain, pour tout ranger et mettre en ordre dans sa maison et pour rendre à quelques personnes du linge et des robes qu'on lui avait donnés à faire. M. et

Mme Delmis y consentirent, prirent congé de Caroline en lui recommandant de venir le lendemain de bonne heure pour le déjeuner, et la laissèrent avec Gribouille.

A peine M. et Mme Delmis eurent-ils fermé la porte, que Gribouille commença à témoigner sa joie par des sauts et des gambades qui firent sourire Caroline.

« Quel bonheur! criait-il. Les braves gens!... En voilà des gens respectables!... Le bon maître que fera M. Delmis!... Et comme nous les servirons bien! et comme je les aiderai! et comme j'amuserai les enfants! Je jouerai à tous les jeux, au cheval, à l'âne, au mouton, à tout ce qu'ils voudront!... Et je serai toujours avec toi! Je ne te quitterai jamais! Oh! Caroline, Caroline, quel bonheur! »

Caroline, plus calme, partageait le bonheur de son frère; elle s'effrayait bien un peu de ce qu'elle aurait à faire et de ce qu'elle craignait de mal faire; ainsi de la cuisine : pour leur petit ménage elle s'en tirait bien, mais réussirait-elle pour une table mieux servie et plus recherchée? « J'aurais dû le dire, pensait-elle; ils me croient peut-être plus habile cuisinière que je ne le suis. Je ferai de mon mieux certainement, mais je ne suis pas savante; je ne sais faire aucun plat fin. Je le leur dirai demain; je serais désolée de les tromper.

— A quoi penses-tu, Caroline? dit Gribouille.

Pourquoi ne parles-tu pas? Tu n'es donc pas contente?

— Très-contente, repondit Caroline avec distraction et en arrêtant les yeux sur le lit de sa mère.

GRIBOUILLE.

Comme tu dis cela!... Tiens, tu vas pleurer.... tes yeux sont pleins de larmes! reprit Gribouille en se rapprochant d'elle d'un saut et en la regardant avec inquiétude.

CAROLINE.

Non, je ne pleurerai pas.... seulement, je regardais le lit de maman, et je pensais.... que.....

GRIBOUILLE.

Qu'elle est bien contente de nous voir entrer chez Mme Delmis, n'est-ce pas!

CAROLINE.

Que.... que je quitterai la maison où elle a vécu, où elle nous a aimés, où elle a cessé de vivre, s'écria Caroline ne pouvant plus contenir ses larmes.

GRIBOUILLE.

Qu'est-ce que ça fait, la maison, puisqu'elle est avec le bon Dieu, dans le ciel? M. le curé l'a dit; il te l'a bien dit; tu ne veux donc pas le croire?

CAROLINE.

Si fait, je le crois, mais j'aime à penser à elle.

GRIBOUILLE.

Et quand tu penses à elle, tu pleures? Ce n'est pas gentil, ça; ce n'est pas aimable pour elle; c'est

comme si tu lui disais : « Ma chère maman, je sais
« que vous êtes bien heureuse, et j'en ai bien du
« regret. Je sais que vous ne souffrez plus, j'en
« suis bien fâchée. Je voudrais que vous soyez en-
« core ici à beaucoup souffrir, à ne pas dormir, à
« gémir, à pleurer, comme vous faisiez, pour que
« j'aie le plaisir de vous regarder souffrir, de vous
« soigner sans vous guérir, et de laisser Gribouille
« s'ennuyer tout seul pendant que je vous servi-
« rais. » Voilà ce que tu veux donc ?

CAROLINE.

Comme tu arranges cela, Gribouille ! dit Caroline
en souriant à travers ses larmes. Mais je tâcherai
de ne plus pleurer, et pour cela nous allons nous
dépêcher de tout serrer, tout ranger, et de faire un
paquet des effets et du linge dont nous aurons besoin chez nos nouveaux maîtres. Puis nous irons
reporter l'ouvrage que ces dames m'avaient donné
à faire, et nous reviendrons dormir une dernière
fois chez nous, dans notre maison. »

De crainte de se laisser encore dominer par une
émotion qu'elle avait promis de surmonter, elle se
mit immédiatement à l'œuvre avec Gribouille, qui
l'aidait avec une activité et une intelligence dont elle
ne l'aurait pas cru capable ; ils passèrent plus de
deux heures à nettoyer, à ranger les meubles, à
serrer dans les armoires les effets et les objets qui
ne pouvaient leur servir dans leur nouvelle posi-

tion. Gribouille voulait tout emporter, livres, papiers, vieux vêtements, vaisselle; mais Caroline se borna à faire un paquet du linge et des vêtements habituels; elle y ajouta la montre de sa mère, le crucifix qui avait reçu son dernier soupir et une statuette de la sainte Vierge; Gribouille mit son catéchisme dans sa poche.

« Je l'emporte, dit-il, pour en apprendre chaque jour une page; je ne le comprends pas, mais ça ne fait rien; je saurai tout de même. »

VIII

Les bonnes amies.

Quand ils eurent tout serré, tout rangé, Caroline enveloppa le linge et les robes à rendre à ses pratiques ; Gribouille se chargea du paquet, et ils allèrent reporter ces objets aux personnes auxquelles ils appartenaient.

« Je suis bien aise pour vous, dit Mme Grébu, que vous entriez chez cette chère Mme Delmis, quoique j'aurais pu vous avoir une maison plus agréable, avec moins de monde, moins d'ouvrage, plus de gages, des présents, un service moins tyrannique ; mais.... la chose est faite.... il n'y faut plus songer ; seulement, si vous vous trouvez trop mal chez les Delmis, je vous offre ma maison. Si j'avais pensé que vous voulussiez vous placer, j'aurais certainement prévenu les Delmis ; mais.... ils sont toujours si sournois, si en dessous.... on ne sait jamais d'avance ce qu'ils vont faire.... Non pas que je ne les aime de tout mon cœur, ces chers amis ;

seulement.... pour aimer les gens, on n'est pas aveugle.... on voit ce que l'on voit.... La pauvre Rose m'a raconté des choses !.. Enfin, leurs affaires ne sont pas les miennes, Dieu merci !... Je vous souhaite plus de bonheur que n'en a eu Rose, ma pauvre Caroline. Et n'oubliez pas ce que je vous ai dit; chez moi, plus de gages, moins d'ouvrage et une bonne maîtresse. Adieu, au revoir, j'espère. »

Caroline et Gribouille saluèrent et sortirent; Caroline ne disait rien.

« Que penses-tu de Mme Grébu et de ce qu'elle nous a raconté? dit Gribouille en regardant fixement sa sœur.

CAROLINE.

Je ne pense rien, car je n'y pense pas.

GRIBOUILLE.

Eh bien! moi, je pense quelque chose

CAROLINE.

Que penses-tu?

GRIBOUILLE.

Je pense que Mme Grébu est une mauvaise femme, une fausse, une méchante, une trompeuse, et que je le lui dirai en face si elle vient faire des mamours à Mme Delmis.

CAROLINE.

Je te prie, Gribouille, de ne rien dire. Nous devons être discrets dans notre nouvelle position, et nous ne devons pas répéter aux uns ce que disent les autres. Ne répète rien, garde pour toi et pour moi ce que tu entends.

GRIBOUILLE.

Bien, ma sœur, je n'en parlerai qu'à toi; mais à toi je peux dire que Mme Grébu est une....

CAROLINE.

Chut! nous arrivons chez Mme Ledoux. »
Caroline recommença son récit.

MADAME LEDOUX.

Bien fâchée, ma petite, de vous perdre comme couturière.... C'est beau d'entrer chez M. le maire.... Non pas que sa maison soit déjà si agréable.... le service y est bien dur; les enfants sont méchants à n'y pas tenir; la pauvre Rose n'y mangeait pas son content; ils regardent à une bouchées de pain, ces Delmis.... Ah!... c'est qu'ils veulent briller, paraître! Mme Delmis fait des toilettes!... Elle s'y ruine, dit-on! Mais.... je vous fais tout de même mon compliment.... Ce n'est pas que vous auriez pu vous placer mieux que cela.... Si vous l'aviez seulement dit.... Chez moi! quelle différence!... Ce sera peut-être pour plus tard.... Vous n'y faites pas un bail pour la vie!... Adieu, Caroline, ma maison vous est ouverte; n'oubliez pas.... adieu.

— Encore une, dit Gribouille en sortant : c'est-il drôle qu'elles soient mauvaises comme ça! Elles sont si aimables avec Mme Delmis!

— C'est triste! dit Caroline. M. et Mme Delmis sont pourtant bien bons pour tout le monde.

GRIBOUILLE.

Hem! hem!

CAROLINE.

Qu'as-tu donc? Pourquoi fais-tu hem! avec ta grosse voix?

GRIBOUILLE.

C'est que.... je ne voulais pas te le dire, mais je te le dirai tout de même. Mme Delmis n'a pas été très-bonne pour toi tantôt.... pour les robes.... tu sais?

CAROLINE.

Il faut penser qu'elle croyait que je l'avais trompée, que j'avais manqué ses robes.

GRIBOUILLE.

Pourquoi le croyait-elle? Est-ce qu'elle devait croire de toi une chose pareille? Pourquoi, au lieu d'écouter cette méchante Rose, n'est-elle pas venue te parler?

CAROLINE.

Parce qu'elle ne pouvait pas croire que Rose fût assez méchante pour mentir ainsi

GRIBOUILLE.

Et elle pouvait croire que tu étais assez méchante pour la tromper ainsi?

— Gribouille, tu deviens trop fin, dit Caroline en souriant; sois bon et indulgent; pardonne à ceux qui t'offensent....

GRIBOUILLE.

Je veux bien pardonner à ceux qui m'offensent, mais pas à ceux qui t'offensent, toi.

CAROLINE.

Si le bon Dieu faisait comme toi, Gribouille, nous ne serions pas heureux.

GRIBOUILLE.

Le bon Dieu n'a jamais eu de sœur offensée.

CAROLINE.

Non, mais il a eu une mère! C'est bien pis!

GRIBOUILLE.

Tiens, c'est vrai!... Au fait, puisque nous entrons chez Mme Delmis, qui nous l'a demandé elle-même, je peux bien lui pardonner.... Décidément, je lui pardonne. »

Caroline ne répondit que par un sourire et entra chez Mme Piron, à laquelle elle remit, comme aux autres dames, l'ouvrage qu'elle n'avait pas le temps de finir.

« C'est fort ennuyeux! dit Mme Piron avec humeur. On ne se charge pas d'un travail qu'on ne veut pas faire! ce n'est pas délicat du tout, mademoiselle!

CAROLINE.

Madame sera assez juste pour comprendre que je ne pouvais pas prévoir la mort de ma pauvre mère ni l'offre de Mme Delmis.

MADAME PIRON.

Vous pouviez faire attendre Mme Delmis jusqu'à

ce que vous eussiez terminé mes robes Elle ne serait pas morte pour attendre, ni vous non plus, je pense.

CAROLINE.

Mme Delmis se trouve fort embarrassée à cause du départ de Mlle Rose....

MADAME PIRON.

Rose l'a quittée? J'en suis bien aise! Ce sera une bonne leçon; cela lui apprendra à traiter ses domestiques avec plus de bonté.... Ah! Rose est partie! Savez-vous pourquoi? Racontez-moi cela, Caroline.

CAROLINE.

Je n'y étais pas, madame; je ne sais rien et je ne puis rien raconter à Madame.

MADAME PIRON.

Voyons, ma petite Caroline, ne soyez pas si discrète; je n'en parlerai à personne, je vous jure. Y a-t-il eu une scène? Est-ce Rose qui est partie, ou est-ce Mme Delmis qui l'a renvoyée? Qu'a dit M. le maire? A-t-il été prévenu du départ de Rose?

CAROLINE.

Je demande pardon à Madame, mais en vérité je ne sais rien de ce que demande Madame.

MADAME PIRON.

Petite sotte! Vous faites la renchérie comme si vous faisiez déjà partie de la famille de ces Delmis.

Allez, vous n'y tiendrez pas longtemps, c'est moi qui vous le dis.... Une femme exigeante, avare, colère, coquette, insupportable.... Je vous souhaite bien du plaisir dans votre nouvelle condition. Vous faites bien d'apprendre à vous taire ; il y en aurait de belles à raconter de ces gens-là si on voulait parler ! Adieu, mademoiselle. »

Et Mme Piron rentra dans sa chambre en fermant la porte avec violence. Gribouille riait sous cape ; avant de suivre sa sœur qui se retirait, il alla doucement à la porte de la chambre de Mme Piron, et, tournant la clef, l'enferma à double tour. Il courut ensuite rejoindre Caroline au moment où elle se retournait pour le chercher.

CAROLINE.

Pourquoi es-tu resté en arrière ? Que faisais-tu chez Mme Piron ?

— Je l'ai punie, s'écria Gribouille se frottant les mains, riant et gambadant.

— Punie ? Comment ? dit Caroline effrayée.

GRIBOUILLE.

Je l'ai enfermée à double tour ! Ah ! ah ! ah ! Elle est en pénitence pour expier sa méchanceté.

CAROLINE.

Oh ! Gribouille ! elle va être furieuse quand elle s'en apercevra.

GRIBOUILLE.

Qu'est-ce que cela nous fait ? Tant mieux ! elle

mérite d'être punie, car elle a été par trop méchante.

CAROLINE.

Retourne chez elle, Gribouille, et va lui ouvrir la porte; elle pourrait porter plainte et nous faire une mauvaise affaire.

GRIBOUILLE, *avec inquiétude.*

A toi, Caroline?

CAROLINE.

Oui, à moi comme à toi. Va vite, mon frère, ouvre-lui avant qu'elle ne se soit aperçue du tour que tu lui as joué.

Gribouille retourna sur ses pas et rentra dans la maison; quand il voulut tourner la clef, il entendit Mme Piron crier : « Qui est-ce qui m'a enfermée? Ouvrez vite.

GRIBOUILLE.

C'est moi, madame! moi, Gribouille.

MADAME PIRON.

Imbécile! insolent! Je porterai plainte contre toi et ta sotte sœur. Ouvre tout de suite.

GRIBOUILLE.

Non; je n'ouvrirai que si vous me promettez de ne rien dire contre ma sœur.

MADAME PIRON.

Je ne promets rien; je ne veux rien promettre; je porterai plainte si je veux; ouvrez tout de suite.

GRIBOUILLE.

Si vous dites un mot, je raconterai à Mme Delmis tout ce que vous avez dit sur eux, et comment vous avez questionné Caroline, et comment vous avez été en colère parce qu'elle n'a voulu vous faire aucun ragot sur M. et Mme Delmis.

— Petit misérable ! s'écria Mme Piron consternée;

c'est qu'il le ferait comme il le dit. Il est si bête !... Voyons, ouvre; je te promets de ne rien dire.

GRIBOUILLE.

Vous le jurez?

MADAME PIRON.

Oui, je le jure; ouvre donc.

— Voici! » dit Gribouille tournant la clef et se sauvant sans attendre que Mme Piron ouvrît la porte. Il fit bien, car elle tenait dans la main un pot plein d'eau qu'elle crut lancer dans les jambes de Gribouille dès que la porte fut entr'ouverte; mais ce dernier était en sûreté hors de la maison, et Mme Piron eut la douleur d'avoir sali son plancher sans avoir satisfait sa vengeance. Gribouille la salua d'un air moqueur, et rejoignit sa sœur en riant de toutes ses forces.

« Pourquoi ris-tu, Gribouille ? Qu'as-tu fait encore ? « dit Caroline un peu inquiète.

Gribouille lui raconta ce qui venait de se passer entre lui et Mme Piron. Caroline, tout en grondant son frère, ne put s'empêcher de partager sa gaieté ; ils rentrèrent chez eux, firent un souper frugal, et se couchèrent après avoir terminé leurs derniers arrangements et avoir tout mis en ordre dans la maison qu'ils devaient quitter le lendemain.

Gribouille dormit profondément, se leva au premier appel de sa sœur et s'habilla à la hâte pour se rendre avec elle chez M. et Mme Delmis. Ils ne trouvèrent encore personne d'éveillé ; ils allèrent à la cuisine pour commencer les préparatifs du déjeuner.

« Quel désordre ! dit Caroline.

— Nous aurons affaire de tout nettoyer, dit Gribouille.

CAROLINE.

Tâche de trouver un balai ; tu balayeras pendant que je laverai la vaisselle. »

Gribouille alla du côté du lavoir.

» Ah ! s'écria-t-il en apercevant la vaisselle brisée. Ma sœur, viens voir ! les porcelaines, les cristaux cassés ! »

Caroline accourut et répéta le mot de Gribouille.

« Mon Dieu ! mon Dieu ! que va dire Madame ? Pourvu qu'elle ne croie pas que c'est nous qui avons tout brisé !

GRIBOUILLE.

Pas une assiette, pas une tasse, pas un verre qui ne soit en morceaux ? On ne peut seulement pas entrer sans marcher dessus.

CAROLINE.

Fais-en un tas pour un peu débarrasser le lavoir ; tiens, voici un balai. »

Ils se mirent à l'ouvrage, et grâce à leur activité et à l'habitude qu'avait Caroline de tout tenir proprement, il ne resta bientôt plus d'autres traces des fureurs de Mlle Rose, que le tas de vaisselle brisée que Caroline voulait faire voir à ses maîtres.

CAROLINE.

Apporte-moi de l'eau dans le seau que voici. Je vais allumer du feu et la faire chauffer. »

Peu d'instants après, le feu pétillait et l'eau chauffait dans une bouillotte bien nettoyée, bien brillante.

Mme Delmis entra dans la cuisine.

« Déjà à l'ouvrage ! dit-elle d'un air satisfait. Est-ce vous qui avez nettoyé la cuisine ? Elle en avait bon besoin.

CAROLINE.

Oui, madame, nous avons balayé et nettoyé, mon frère et moi.

GRIBOUILLE.

Madame veut-elle voir ce qu'il y a dans le lavoir? Et que Madame ne croie pas que c'est moi ou Caroline qui avons tout brisé.

MADAME DELMIS.

Non, non, je sais ce que c'est; c'est Rose qui s'est mise en colère quand nous l'avons renvoyée.

CAROLINE.

Madame ne sait pas que la porcelaine et les cristaux sont en mille morceaux?

MADAME DELMIS.

Je le sais; nous l'avons vu hier. Il faut ramasser tout cela, Gribouille.

CAROLINE.

C'est fait, madame.

MADAME DELMIS.

Déjà! comme vous avez travaillé!

GRIBOUILLE.

Oui, madame, c'est toujours comme cela! Caroline et moi nous connaissons l'ouvrage; je crois que Monsieur et Madame vont être joliment servis.

CAROLINE.

Tais-toi donc, Gribouille. Il ne faut pas se vanter.

MADAME DELMIS.

Laissez-le dire, Caroline; il faut, au contraire,

que le pauvre garçon dise ce qui lui passe par la tête.

GRIBOUILLE.

Vois-tu, Caroline? Tu veux toujours me faire taire, et Madame veut que je parle. Mais si je disais à Madame tout ce qui me passe par la tête!... J'en ai tant vu depuis hier!...

CAROLINE.

Mais finis donc, Gribouille; tu vas ennuyer Madame.

MADAME DELMIS.

Pas du tout, pas du tout! Pauvre garçon! Laissez-le parler.

CAROLINE.

C'est que je craindrais qu'il.... n'usât trop de la bonté de Madame, et....

GRIBOUILLE.

C'est-à-dire que tu as peur que je raconte à Madame ce que nous ont dit hier les amies de Madame.... Drôles d'amies qu'a Madame!

CAROLINE, *d'un air de reproche.*

Gribouille, Gribouille! tu m'avais promis....

GRIBOUILLE.

Oui, je t'ai promis et je tiens parole, tu vois bien. Je ne dis rien; Madame est là pour témoigner que je n'ai rien dit des mauvais propos de Mme Grébu et de l'autre.... Mme Ledoux, et puis cette autre.... Mme Piron! Ah! ah! ah! Était-elle furieuse.... Si

Madame l'avait vue quand elle est sortie de sa chambre, après que je l'ai eu menacée de tout raconter à Monsieur et à Madame, et après qu'elle m'eut promis de ne pas porter plainte.... Ah! ah! ah! Madame aurait ri comme moi, bien sûr.

MADAME DELMIS.

Qu'est-ce que c'est? Qu'y a-t-il donc? Qu'est-il arrivé? »

Caroline avait vainement fait des signes à Gribouille; il ne la regardait pas et il allait reprendre la parole, lorsque Caroline s'empressa de répondre.

« Rien du tout, Madame! rien qui vaille la peine d'être raconté à Madame. J'ai reporté hier soir les robes de ces dames sans les faire; elles n'étaient pas contentes, voilà tout. Madame sait que Gribouille s'amuse de peu. Il a trouvé drôle de voir ces dames en colère, et c'est cela qu'il veut dire à Madame. »

Gribouille voulut parler; mais il resta muet devant le geste impératif de sa sœur. Mme Delmis eut beau le questionner, l'interroger, elle ne put le faire sortir de son silence. Caroline lui demanda ses ordres pour le déjeuner et pour le travail de la journée. Mme Delmis lui expliqua son service, tout ce qu'ils avaient à faire, et quand le déjeuner fut terminé, elle lui donna les clefs du garde-manger, du linge, de toutes les armoires. Gribouille les suivait partout, admirait tout, à la grande satisfaction de Mme Delmis, qui lui permettait d'aider à tout. Caroline tremblait qu'il ne fît quelque gaucherie et qu'il ne dît quelque naïveté ; mais Mme Delmis, loin de se fâcher, s'amusait des réflexions de Gribouille et l'engageait à les continuer. En regardant les robes contenues dans les armoires, Gribouille témoigna une grande admiration.

« Les jolies robes ! les belles couleurs ! Quel dommage que Madame ne soit pas plus jeune ! comme elles lui iraient bien !

— Comment, plus jeune ? Tu me trouves donc vieille ? Tout le monde ne dit pas comme toi ! dit Mme Delmis d'un air piqué.

GRIBOUILLE.

On ne dit pas ! c'est vrai ! Mais Madame sait bien qu'on ne dit pas tout ce qu'on pense. Certainement que Madame n'est pas vieille comme la mère Nanon, la servante du curé ; mais pour mettre des robes si jolies et si fraîches, j'aimerais mieux que Madame fût comme Caroline.

— Quel âge me donnes-tu donc ? reprit Mme Delmis s'efforçant de sourire.

— Je crois que Madame n'a guère plus de quarante ans, dit Gribouille d'un air fin.

MADAME DELMIS.

Je te remercie ! Tu es généreux !... Quarante ans !... En vérité !... quarante ans !... Mais j'en ai à peine trente.

GRIBOUILLE.

Trente, quarante, ça ne fait rien; on dit que Madame en a quarante parce qu'elle a l'air de les avoir, voilà tout.

CAROLINE, *inquiète.*

Madame a bien de la bonté d'écouter les folies de mon frère. Est-ce qu'il connaît quelque chose aux chiffres et à l'âge des gens? Madame veut-elle me dire si ses robes doivent rester là? je les trouve un peu serrées; je craindrais qu'elles ne fussent chiffonnées.

MADAME DELMIS.

Arrangez cela comme vous voudrez, Caroline; vous vous y connaissez mieux que moi.

CAROLINE.

Je vais les déchiffonner avant de les serrer; si Madame veut mettre ce soir cette robe lilas et vert, je suis sûre qu'elle irait parfaitement au teint frais et aux cheveux blonds de Madame.

MADAME DELMIS, *avec satisfaction.*

Comme vous voudrez, Caroline; je m'en remets à votre bon goût. »

Mme Delmis avait repris son air aimable. Caroline, contente d'avoir détourné l'humeur naissante de sa maîtresse, continua à lui parler robes et coiffures, et lui proposa d'arranger ses cheveux à la nouvelle mode, ce que Mme Delmis accepta avec empressement; elle se retira dans sa chambre pour s'y préparer.

CAROLINE.

Pendant que je coifferai Madame, tu ôteras le couvert et tu laveras la vaisselle, Gribouille; tu essuieras tout bien soigneusement et tu rangeras la porcelaine dans la salle à manger.

GRIBOUILLE.

Oui, Caroline; mais pourquoi avais-tu l'air mécontente quand j'ai parlé à Madame de son âge?

CAROLINE.

Parce qu'il ne faut jamais parler d'âge à sa maîtresse, et je te prie de n'en jamais parler à Mme Delmis.

GRIBOUILLE.

Je n'en parlerai plus, puisque cela te déplaît; mais je ne comprends pas pourquoi.

MADAME DELMIS, *appelant*.

Caroline, Caroline, je vous attends!

CAROLINE.

Madame appelle; va vite, Gribouille, va à ton ouvrage et ne casse rien.

GRIBOUILLE.

Sois tranquille, je ne ferai pas comme Mlle Rose.... C'est tout de même drôle que Caroline ne veuille pas que je parle d'âge à Madame.... Pourquoi cela?... Serait-ce parce qu'elle a peur de ne pas avoir la raison de son âge?... Bien sûr, c'est ça.... Elle voudrait être plus raisonnable.... C'est qu'elle ne l'est pas trop tout de même ... Y a-t-il du bon sens à se faire faire des robes de toutes les couleurs, comme si elle était une jeunesse ! Je vous demande un peu, continua Gribouille en examinant les robes, en voilà une toute rose qui serait bonne pour Caroline ! et cette bleu pâle avec de grosses pivoines ! Elle est drôle tout de même.... Voyons la lilas, que Caroline veut lui mettre ce soir ! Trop jeune ! trop joli ! ajouta-t-il en hochant la tête.

Gribouille, ayant terminé son examen, passa à la salle à manger; enleva le couvert, lava la porcelaine, les verres, les couverts, et, comme le lui avait ordonné Caroline, rangea les pièces sur la table et sur le buffet, à mesure qu'il les essuyait. Il descendit ensuite à la cuisine, lava la vaisselle, balaya partout et mit tout en ordre. Quand sa sœur rentra pour préparer le dîner, elle fut très-contente, et demanda à Gribouille d'aller faire une visite à M. le curé pour le prévenir du changement de leur position. Tout cela s'était fait si rapidement qu'elle n'avait pas eu le temps de le consulter.

IX

Rencontre inattendue.

Gribouille, enchanté de faire une petite promenade, partit immédiatement. Quand il fut dans une ruelle qui menait au presbytère, il vit s'ouvrir avec précaution la porte d'une grange abandonnée ; une personne en sortit furtivement, comme si elle avait peur d'être vue ; la porte lui cachait Gribouille ; elle regarda à droite et à gauche et allait s'engager dans la rue, quand elle aperçut Gribouille. Elle étouffa un cri et voulut rentrer dans la grange, mais Gribouille, qui l'avait reconnue, lui barra le passage.

GRIBOUILLE.

C'est vous, mademoiselle Rose ! Que faites-vous dans cette masure ? Pourquoi vous sauvez-vous de moi ?

ROSE.

Silence ! Pour l'amour de Dieu, ne me perdez pas !

GRIBOUILLE.

Vous perdre ! Mais je vous retrouve, au contraire.

ROSE.

Non, ce n'est pas ça. Ne dites pas que vous m'avez rencontrée, que je suis ici, dans cette grange.

GRIBOUILLE.

Pourquoi ne le dirais-je pas? Il n'y a pas de mal à ça. Caroline ne sera pas fâchée, j'en suis sûr.

ROSE.

Oh! Gribouille! si on sait que je suis ici, on viendra me prendre pour me mettre en prison; les gendarmes viendront.

GRIBOUILLE.

Les gendarmes! Aïe! aïe! C'est différent. Mais pourquoi? qu'avez-vous fait?

ROSE.

J'ai battu M. le maire; j'ai cassé la vaisselle.

GRIBOUILLE.

Ah! c'est vous qui avez fait ce bel ouvrage! Y en avait-il! j'ai passé deux heures à enlever les morceaux.... Et on va vous mettre en prison pour cela?

ROSE.

Oui, le maire l'a dit, et je me suis sauvée; je me suis cachée ici; mais j'ai bien faim, et j'allais chez M. le curé pour avoir du pain et le prier de demander grâce pour moi à M. Delmis. J'ai peur de la prison!

GRIBOUILLE, *avec compassion.*

Je crois bien! Pauvre mademoiselle Rose! Faut-il que vous ayez été méchante pour qu'on vous mette en prison! Comment faire pour vous sauver?

Rose allait lui répondre, lorsqu'elle entendit des pas d'hommes qui approchaient de la ruelle; elle poussa vivement Gribouille dans la grange, s'y jeta après lui, tira la porte et se blottit derrière un tas de vieux foin oublié dans un recoin obscur. Gribouille voulut parler.

« Pour l'amour de Dieu, pas un mot, ou je suis perdue! » dit-elle à voix basse en joignant les mains.

Gribouille resta immobile et terrifié; les pas approchaient, mais lentement. Arrivés devant la grange, les gendarmes, car c'étaient bien eux, s'assirent contre la porte, sur le seuil en pierre qui leur offrait un siége. Ils causèrent à voix basse; Gribouille essaya vainement d'entendre leur conversation; il ne put saisir que des mots détachés.

« Échappée peut-être.... chez le curé.... aura eu peur.... bonne leçon.... Rose des champs.... Rose des bois.... Ha! ha! ha! »

Après un repos de quelques minutes, les gendarmes continuèrent leur chemin; on les entendait rire et appeler *Rose des champs*.

Quand tout fut rentré dans le silence, Rose sortit de sa cachette; elle tremblait; Gribouille tremblait encore davantage.

ROSE.

Il faut absolument que j'aie du pain; j'ai trop faim; je n'y tiens plus. Gribouille, je t'en prie, va me chercher du pain, je meurs.

Les dents de Gribouille claquaient, ses genoux tremblaient; mais touché des souffrances de son ancienne ennemie, il se dirigea vers la porte, tira le loquet, ouvrit, et se trouva nez à nez avec un gendarme. « Ah! » cria Gribouille; et il tomba à quatre pattes sur le seuil.

LE BRIGADIER.

Eh bien! pourquoi cette terreur? On craint le gendarme! mauvais signe.... Lève le nez, mon garçon, que je te reconnaisse.

Gribouille ne bougeant pas, le brigadier le releva de force.

LE BRIGADIER.

Tiens! Gribouille! c'est toi, mon pauvre garçon! Pourquoi as-tu peur de moi aujourd'hui? Nous sommes de vieux amis pourtant. Et que faisais-tu enfermé dans cette grange? Tu n'étais pas seul peut-être?

Et le brigadier, laissant Gribouille, voulut pénétrer dans la grange.

« N'entrez pas! N'entrez pas! cria Gribouille en lui barrant le passage. De grâce! brigadier, n'entrez pas. »

En voyant ses efforts inutiles, il s'écria : « Ayez pitié d'une pauvre fille à moitié morte de faim.

LE BRIGADIER.

Une pauvre fille! morte de faim! De quelle fille parles-tu? Où vas-tu chercher que je poursuis quelqu'un?

GRIBOUILLE.

Comment, vous ne cherchez pas Rose, l'ancienne servante de M. le maire?

LE BRIGADIER.

Rose? Est-ce qu'il faut l'arrêter? Sais-tu pourquoi? ce qu'elle a fait?

GRIBOUILLE.

Je ne sais rien, moi; je croyais que vous étiez avec ces messieurs les gendarmes qui se sont assis sur le seuil de la porte; ils parlaient d'arrêter Rose, et ils sont allés chercher M. le curé.

LE BRIGADIER.

Non, j'ai été absent pour le service; en rentrant je passais pour faire ma tournée, quand je me suis trouvé nez à nez avec toi; mais d'après ce que tu dis, je vois que mes camarades ont ordre d'arrêter Rose, qu'elle est cachée par ici dans la grange, et que tu veux m'empêcher de la prendre. Mais, le devoir avant tout. »

En disant ces mots, le brigadier entra dans la grange et commença ses recherches. Pendant qu'il fouillait parmi des tonneaux vides, Gribouille courut s'adosser au tas de foin derrière lequel s'était blottie Rose. Le gendarme, ne trouvant rien du

De grâce! brigadier, n'entrez pas. (Page 135.)

côté où il avait commencé ses recherches, se retourna, et voyant l'air inquiet de Gribouille, il s'avança vers lui.

« Elle est ici ; voyons, ôte-toi de là que je prenne mon gibier. »

Gribouille refusant de se déplacer, le gendarme le prit par le bras, le fit tourner comme une toupie, et déplaçant les bottes de foin, il fut très-surpris de ne voir personne.

LE BRIGADIER.

C'est singulier, j'aurais juré qu'elle était ici.

GRIBOUILLE, *battant des mains.*

Elle est partie ! elle est sauvée ! tant mieux. Mais par où est-elle passée ?

LE BRIGADIER.

Elle était donc réellement ici, cachée derrière ce foin ?

GRIBOUILLE.

Mais oui, elle y était. Par où a-t-elle pu se sauver, puisque nous étions à la porte ?

LE BRIGADIER.

Ah çà ! mais tu es donc son complice, puisque tu aidais à la cacher ?

GRIBOUILLE.

Je l'ai trouvée à la porte tout comme vous m'avez trouvé ; quand elle a entendu marcher, elle s'est resauvée dans la grange, me tirant après elle, et avant que je fusse revenu de ma surprise, nous avons entendu vos camarades s'asseoir à la porte, causer de Rose ; ils riaient, puis ils sont partis ; alors Rose m'a prié de lui chercher du pain ; et comme j'y allais, car, vrai, elle me faisait pitié, je me suis cogné contre vous et j'ai eu peur : voilà tout.... Mais où est-elle ? je ne vois ni porte ni fenêtre.

LE BRIGADIER.

Écoute ; allons chez M. le curé, nous y trouverons mes camarades, et je verrai si tu m'as fait un conte.

GRIBOUILLE.

Allons ; j'y allais tout justement pour une commission de ma sœur.

Ils sortirent. Le brigadier poussa la porte sans la fermer entièrement.

« Gribouille, dit-il très-bas, va seul chez le curé, je suis fatigué : j'attends ici mes camarades : dis-le leur. »

Gribouille partit sans méfiance ; il trouva le curé tout seul, et lui demanda où étaient les gendarmes.

LE CURÉ.

Je n'ai pas vu de gendarmes, mon ami. Qu'as-tu affaire de gendarmes, toi ?

GRIBOUILLE.

Ce n'est pas moi, monsieur le curé, c'est le brigadier qui est dans la ruelle de la grange et qui les demande.

LE CURÉ.

Ils ne sont toujours pas chez moi. Et c'est pour cela que tu venais ?

GRIBOUILLE.

Non, monsieur le curé, ça c'est par occasion, une commission en passant. C'est Caroline qui m'envoie pour vous raconter ce qui est arrivé.

Gribouille fit au curé le récit des derniers événements. Le curé approuva tout ce qu'avait fait Caroline, et dit à Gribouille qu'il était très-content de les savoir chez M. Delmis.

« Et chez madame, dit Gribouille en souriant avec malice.

LE CURÉ, *hésitant*.

Et ... chez madame aussi ! Pourquoi fais-tu une différence entre monsieur et madame ?

GRIBOUILLE, *se grattant la tête*.

Parce que.... c'est que.... Tenez, monsieur le curé, je ne sais pas m'expliquer, mais.... ce n'est pas la même chose.... Mme Delmis, voyez-vous.... je crois qu'il faudrait la flatter, lui faire des chatteries.... et cela ne me va pas.... Elle a des robes, des robes !... Si vous voyiez ses robes, vous verriez bien que ce n'est pas comme monsieur.

LE CURÉ, *riant*.

Je crois bien ! Est-ce que les hommes ont des robes ? C'est toujours la même chose, une redingote et un habit.

GRIBOUILLE.

Je sais bien.... Ce n'est pas ça.... c'est quelque chose.... comment dire?... c'est comme deux pots de beurre; ils ont l'air la même chose.... vous goûtez à l'un!... c'est bon, vous en mangeriez toujours. Vous goûtez à l'autre!... Pouah! c'est du rance; vous n'y retournez pas. »

Le curé riait de plus en plus; Gribouille ne riait pas; il hochait la tête.

Caroline n'aime pas le rance, dit-il enfin d'un air pensif; elle en mangera pourtant.... Et moi aussi, ajouta-t-il avec un soupir.

LE CURÉ.

Voyons, voyons, Gribouille, ne te fais pas des peurs sans raison; Mme Delmis est un peu difficile, mais ce n'est pas une méchante femme; Caroline est douce et raisonnable; tout ira bien. Adieu, mon ami, adieu. »

Gribouille sortit; en repassant par la ruelle il entendit du bruit dans la grange, dont la porte était ouverte; il y passa la tête et vit avec surprise Rose étendue à terre, et le brigadier achevant de lui lier les jambes et les bras.

Quand Gribouille fut parti, le brigadier, qui se doutait de quelque cachette mystérieuse, avait doucement entr'ouvert la porte, était rentré sans bruit, et s'était étendu à terre dans un recoin obscur. Il ne tarda pas à entendre un léger bruit qui semblait venir de dessous terre ; peu d'instants après, il vit des planches qui étaient à terre se déplacer, une

tête se fit voir, regarda autour d'elle ; ne voyant personne, se croyant en sûreté, Rose, car c'était elle, acheva de sortir du trou où elle était descendue, qu'elle avait recouvert de planches qui semblaient jetées à terre, et qui ne laissaient pas soupçonner une cachette ; elle se dirigea sans bruit vers la porte, et fut saisie de frayeur en sentant deux mains qui lui tiraient les jambes et la firent tomber sur le nez. Avant qu'elle pût crier, le brigadier, sautant lestement de son coin obscur, s'était élancé sur elle, lui avait couvert la bouche d'un mouchoir pour l'empêcher de crier, et lui garrottait les pieds et les mains, dont elle commençait à se servir pour se défendre.

« Oh! brigadier, cria Gribouille, ne lui faites pas de mal! Pauvre Rose! elle va étouffer. Otez-lui le mouchoir.

LE BRIGADIER.

Qu'à cela ne tienne, mon garçon; ôte-lui si tu veux; la voilà en sûreté à présent. Où sont les camarades? Les as-tu amenés?

GRIBOUILLE.

Je ne les ai pas vus; M. le curé ne les a pas vus non plus.

LE BRIGADIER.

C'est ennuyeux, ça ! Que vais-je faire de cette fille ? Je n'ai pas ordre de l'arrêter, moi ; c'est pour eux que je travaillais. Voyons, la belle, dites-moi la vérité ; pourquoi vous cachiez-vous ?

— On m'a dit que M. le maire avait donné ordre de m'arrêter, répondit Rose tremblante.

LE BRIGADIER.

Qu'avez-vous fait ? parlez. Dites la vérité. Pourquoi M. le maire vous faisait-il arrêter ?

ROSE.

A la suite d'une colère, je l'avais battu.

LE BRIGADIER.

Battu M. le maire ? Ah bien ! votre affaire n'est pas bonne, ma pauvre fille. Mais.... comme en somme je n'ai pas eu d'ordre, moi, je vais vous délier les jambes, puisque les camarades ne sont pas là, et je vais vous mener chez M. le maire ; il fera de vous ce qu'il voudra.

ROSE.

Grâce, grâce, monsieur le brigadier ! Ne me faites pas traverser la ville ! Que dira-t-on de me voir les mains liées et menée par un gendarme ?

LE BRIGADIER.

Écoutez ! j'ai pitié de vous, mais le devoir avant tout. Ce que je puis faire pourtant, c'est de rester ici à vous garder pendant que Gribouille ira prendre les ordres de M. le maire. Va, Gribouille, va, mon garçon; va dire à M. le maire que je tiens ici Mlle Rose, bien liée, bien gardée, et qu'est-ce qu'il veut que j'en fasse. »

Gribouille partit en courant; il entra à la maison, traversa la cuisine comme une flèche sans avoir

égard à l'appel de Caroline, effrayée de sa pâleur et de sa marche précipitée.

« Impossible, lui cria-t-il tout en courant. Le brigadier attend. Impossible! »

Il entra ainsi au salon, où il trouva Mme Delmis, seule, travaillant. Il continua sa course, sans écouter sa maîtresse pas plus qu'il n'avait écouté sa sœur, et entra sans frapper chez M. Delmis, qui causait avec un gendarme.

MONSIEUR DELMIS, *avec impatience.*

Que veux-tu? tu me déranges ; je suis en affaire.

GRIBOUILLE.

Ça ne fait rien, monsieur le maire. Il faut que vous veniez tout de suite dans la grange de la ruelle de M. le curé. Mlle Rose est liée et bien gardée. Le brigadier vous fait dire qu'est-ce que vous voulez qu'il en fasse ?

MONSIEUR DELMIS.

Il est fou, ce garçon ! Qu'est-ce que tu dis donc?

GRIBOUILLE.

Je dis qu'il faut venir tout de suite, parce que le brigadier vous demande.

MONSIEUR DELMIS.

Pourquoi? Quel brigadier ?

GRIBOUILLE.

Pourquoi? Je n'en sais rien. C'est M. Bourget qui a pris Mlle Rose.

MONSIEUR DELMIS.

Allez donc voir, gendarme ; je veux être pendu si je comprends un mot à ce que dit Gribouille.

GRIBOUILLE.

C'est pourtant bien clair. M. Bourget, le brigadier, vous demande, parce qu'il a pris Mlle Rose.

MONSIEUR DELMIS.

Pourquoi l'a-t-il prise ?

GRIBOUILLE.

Est-ce que je sais, moi ? Elle avait bien faim. J'allais lui chercher du pain. Je me cogne contre le brigadier ; les camarades étaient partis. Nous cherchons; plus de Rose. Il me renvoie; je reviens, je trouve M. Bourget qui liait les jambes de Mlle Rose; je lui dénoue le mouchoir qui l'étouffait; il m'envoie vous demander ce qu'il en faut faire, et voilà.

MONSIEUR DELMIS.

Allons voir, gendarme. Il y a quelque méprise là-dessous. Viens avec nous, Gribouille; tu nous mèneras à la grange.

M. Delmis prit son chapeau et sortit par le petit escalier, accompagné du gendarme et de Gribouille qui courait en avant. Ils ne tardèrent pas à arriver à la grange; ils y trouvèrent Rose assise à terre, dévorant un morceau de pain qu'elle tenait de ses mains liées, le brigadier était debout près d'elle et ne la perdait pas de vue.

« Qu'est-ce que cela veut dire? dit M. Delmis en entrant. Pourquoi avez-vous arrêté cette fille et pourquoi me faites-vous demander par Gribouille?

LE BRIGADIER.

Sans urgence, je ne me serais pas permis de déranger M. le maire. J'ai su que mes camarades couraient après cette fille; elle m'est tombée sous la main, et j'ai mis la mienne dessus. N'en sachant que faire, j'ai cru bon d'envoyer aux ordres; et j'ai gardé la fille, la sachant fûtée et prévoyant une fugue si je la quittais de l'œil une minute.

LE MAIRE.

Pourquoi vos hommes couraient-ils après elle ? Qui est-ce qui leur en a donné l'ordre ?

LE BRIGADIER.

Je l'ignore. J'ai moi-même besoin d'explication; c'est pourquoi j'ai envoyé aux ordres. La fille se cachait et m'avouait être poursuivie; j'ai dû l'arrêter provisoirement.

LE MAIRE.

Pourquoi vous cachiez-vous, Rose ?

ROSE.

Pour me sauver, j'ai peur de la prison.

LE MAIRE.

Qui donc voulait vous mettre en prison ?

ROSE.

C'est Mme Grébu que j'ai rencontrée, qui m'a dit : « Vous avez fait du dégât chez M. le maire, ma « pauvre Rose; il va vous faire coffrer; cachez-« vous; les gendarmes sont après vous à l'heure « qu'il est. » Alors je me suis cachée, parce que je ne voulais pas aller en prison.

LE MAIRE.

Et vous, brigadier, pourquoi l'avez-vous poursuivie et arrêtée ?

LE BRIGADIER.

Poursuivie, par la raison que Gribouille m'a dit que les camarades la cherchaient. Arrêtée, par le motif qu'elle m'a elle-même confié qu'elle se sauvait des camarades.

LE MAIRE.

Il y a dans tout cela une méprise qu'il faut débrouiller, brigadier. En attendant, déliez les mains de votre prisonnière, et laisser-la aller.... Quant à vous, Rose, vous avez vous-même amené votre punition. J'aurais pu, en effet, vous faire arrêter, mais j'ai eu pitié de vous et je vous ai fait grâce. Votre conscience troublée a causé les désagréments que vous subissez depuis hier. »

X

Premières gaucheries.

Rose, honteuse, s'en alla sans dire mot; le brigadier, riant de sa méprise, se retira avec son gendarme, auquel il acheva l'explication incomplète de Gribouille et de Rose. Gribouille s'en retourna avec M. Delmis.

GRIBOUILLE.

Tout de même, monsieur le maire, Mme Grébu est cause de tout le mal. C'est une cancanière, allez; vous ferez bien de vous en méfier.

MONSIEUR DELMIS.

Je ne m'y fie pas non plus. Je connais tout ce monde, ces amies de ma femme.

GRIBOUILLE.

Amies! Jolies amies!... Amies!... En vérité! Je leur dirais leur fait si j'étais que de vous.

MONSIEUR DELMIS.

Comme tu y vas, Gribouille! et que dirait ma femme?

GRIBOUILLE.

Est-ce que vous croyez que Madame aime ses amies? qu'elle les aime comme j'aime Caroline? Laissez donc! Elle n'est pas sotte, Madame.

MONSIEUR DELMIS.

Dis donc, Gribouille, où prends-tu tout ce que tu sais? Comment devines-tu si juste?

GRIBOUILLE.

Je prends dans ma tête, dans mon cœur; je devine parce que je sais comment dirait et comment ferait Caroline. J'ai vu et entendu bien des choses, allez, quand ces dames faisaient leurs commandes à Caroline, et quand elles venaient à la maison parler de ci et de ça, de celui-ci, de celui-là.

MONSIEUR DELMIS.

Raconte-moi ce que tu as vu et entendu.

GRIBOUILLE.

Non, je ne peux pas. Caroline me l'a défendu.

MONSIEUR DELMIS.

Ah! Elle te l'a défendu! Tu lui obéis donc toujours?

GRIBOUILLE.

Toujours, toujours, sans jamais manquer, même quand je ne comprends pas.

MONSIEUR DELMIS.

Si Caroline t'ordonnait une chose et que je t'ordonnasse le contraire, à qui obéirais-tu?

GRIBOUILLE, *réfléchissant.*

A qui j'obéirais?... Voyons.... Vous, vous êtes

mon maître.... Caroline est ma sœur.... Je dois obéir à mon maître.... Caroline l'a dit.... Attendez.... j'y suis. J'obéirais à Caroline et pas à vous !

MONSIEUR DELMIS, *souriant*.

Je te remercie. Et pourquoi cela ?

GRIBOUILLE.

Parce qu'une sœur ça ne peut pas se changer.... Une sœur reste toujours une sœur. Et un maître, ça se change. Vous êtes mon maître aujourd'hui ; mais si je m'en vais, vous n'êtes plus mon maître. C'est-y vrai, ça ?

MONSIEUR DELMIS, *riant*.

Bravo, Gribouille. Très-bien raisonné.

Ils arrivaient à la maison riant tous deux, M. Delmis des raisonnements de Gribouille, et celui-ci de voir rire son maître. Le dîner était prêt à servir ; Caroline attendait Gribouille pour monter les plats. Elle voulut le gronder d'avoir été en retard pour mettre le couvert, mais Gribouille lui promit de lui démontrer, après le dîner, qu'il n'était pas en faute ; elle remit donc à plus tard les reproches qu'elle voulait lui adresser. Le dîner fut trouvé excellent. Gribouille le servit à merveille ; il était triomphant des éloges que lui adressait M. Delmis, lorsqu'en retirant un compotier de framboises, il accrocha la coiffure de Mme Delmis, renversa le compotier et répandit les framboises sur la tête et sur la robe de sa maîtresse.

« Maladroit ! s'écria-t-elle en se levant de table, ma coiffure dérangée ! ma robe tachée ! C'est insupportable ! »

Gribouille regardait avec calme.

« Ce n'est rien, dit-il ; Caroline refera la coiffure ; quant à la robe, il n'y a pas grand mal, car elle n'est pas jolie.... Ah ! c'est que c'est vrai ! continuait-il, voyant Mme Delmis prête à riposter avec colère, pas jolie du tout ! Elle ne vous va pas bien ! vous semblez beaucoup plus jeune et plus blanche avec votre robe du matin qu'avec celle-ci.

MADAME DELMIS, *avec colère.*

Impertinent!

GRIBOUILLE, *avec surprise.*

Pourquoi impertinent? Qu'est-ce que j'ai dit? Ce n'est-il pas vrai? Je le demande à Monsieur. »

M. Delmis souriait; à l'appel de Gribouille, il leva les yeux, rencontra le visage irrité de sa femme, le visage étonné et un peu niais de Gribouille, et, haussant les épaules, il détourna la tête sans parler.

GRIBOUILLE.

Vous voyez que Monsieur ne dit rien; si j'avais dit quelque chose de mauvais, Monsieur me le dirait. Est-ce ma faute, moi, si vous faites des coiffures drôles, si grosses qu'elles accrochent mes plats? Demandez à Caroline si j'accroche ses cheveux! Jamais, parce qu'elle est coiffée simplement.

MADAME DELMIS.

Ce garçon est insupportable; en vérité, c'est à ne pas le garder.

M. Delmis allait répondre; mais Caroline entra, demandant ce qui était arrivé.

MONSIEUR DELMIS.

Rien de bon; Gribouille a accroché les cheveux de ma femme et lui a renversé le compotier de framboises sur la tête.

— Et Monsieur lui en veut sans doute! s'écria Caroline avec effroi. Que je suis donc désolée! La jolie robe de Madame tachée partout! Ses beaux

Impertinent! (Page 156.)

cheveux pleins de jus de framboises ! Si Madame veut permettre, je vais lui refaire une autre coiffure et nettoyer sa robe ; en lavant de suite, les taches s'enlèveront facilement.

Mme Delmis, apaisée par la compassion de Caroline et par l'éloge qu'elle avait fait de ses cheveux, sortit de la salle suivie de Caroline, qui jeta à Gribouille un regard de reproche triste et doux.

Gribouille, qui jusque-là était resté impassible, devinant le mécontentement de sa sœur, se mit à parcourir la salle à grands pas, se tapant la tête et disant :

« J'ai fait une sottise ! Je l'ai vu à l'air de Caroline ! Si Monsieur veut bien lui dire de ne pas être fâchée contre moi ! Je ne l'ai pas fait exprès, moi ! Tout le monde peut accrocher une porcelaine en passant ! Une tête comme celle de Madame ! Est-ce que je pensais, moi, qu'on lui avait soufflé les cheveux, qu'elle avait la tête comme un boisseau ? ce n'est pas juste de s'en prendre à moi ! N'est-ce pas, monsieur, qu'il n'y a pas de justice ?

MONSIEUR DELMIS.

Écoute, Gribouille, tu n'as pas fait une mauvaise chose, mais tu as fait une maladresse et une impertinence, et, quand on est domestique, il faut tâcher de ne pas être maladroit ni impoli.

GRIBOUILLE.

C'est facile à dire, monsieur ; je voudrais vous y

voir, à passer une douzaine de plats et d'assiettes, comme j'ai fait ce soir, sans rien casser (car on ne peut pas dire que j'aie rien cassé), et puis pour un compotier qu'on répand sur une laide robe (car elle est laide, monsieur; Monsieur peut bien me croire quand j'affirme), sur une laide robe, dis-je, et sur une tête coiffée!... coiffée!... Enfin, puisque Monsieur trouve Madame jolie comme ça, je n'ai rien à dire ; mais.... certainement si je n'étais que de Monsieur, je ferais enlever à Madame sa coiffure.... et.... elle n'en serait que mieux.... c'est-à-dire je ne dis pas que Madame serait tout à fait jolie.... non.... je ne dis pas cela.... mais elle serait.... pas mal enfin, pas à lui rire au nez.

— Gribouille, Gribouille, reprit M. Delmis en fronçant le sourcil, tu vas te brouiller avec ma femme et avec moi, si tu parles comme tu le fais.

GRIBOUILLE.

Pas de danger, monsieur, que je dise à Madame ce que je dis à Monsieur. Mais je pense bien que Monsieur ne m'en voudra pas, ne me trahira pas, et que Caroline non plus ne saura pas comme j'ai parlé. Caroline m'avait bien dit : « Ne parle pas « d'âge devant Madame. »

MONSIEUR DELMIS.

Ah! Caroline t'a dit cela.

GRIBOUILLE.

Oui, monsieur ; et moi qui l'ai oublié et qui dis

devant Madame qu'elle paraît vieille ! Ah ! Caroline a raison d'être en colère contre moi. Mon Dieu ! mon Dieu ! suis-je donc malheureux ! Caroline qui m'en veut !

MONSIEUR DELMIS.

Rassure-toi, mon pauvre garçon ! Tu diras à Caroline que je t'ai pardonné, que je suis content ; alors elle ne sera plus fâchée contre toi. Au revoir, ôte le couvert, ne casse rien et n'aie pas peur. Je serai ton ami et je te défendrai.

GRIBOUILLE.

Merci, monsieur, merci. Je suis bien reconnaissant ! Je n'oublierai pas l'amitié de Monsieur. Et moi aussi, je serai l'ami de Monsieur, un ami qui se ferait tuer pour vous ! »

XI

Le beau dessert.

M. Delmis sortit après avoir fait un signe de tête amical à Gribouille. Celui-ci commença à retirer les assiettes et les cristaux.

« Brave homme ! » s'écria-t-il en tapant un verre sur une assiette et en brisant verre et assiette.... Allons ! encore un malheur ! Vrai, j'ai du guignon ! « Ces choses n'arrivent qu'à moi. Je dis *Brave homme!* c'est un éloge vrai et juste que je fais à Monsieur, et voilà un verre qui casse une assiette et qui se casse avec ! On ne peut donc pas dire : *Brave homme !* à présent ? c'est trop fort aussi ! Quelle maison ! »

Gribouille leva les épaules avec dédain et continua à enlever le couvert. Il finissait d'emporter la dernière pile d'assiettes quand il entendit la voix de Mme Delmis et de Caroline. Il précipita le pas pour les éviter et se cogna contre Émilie et Georges, les enfants de Mme Delmis, qui revenaient de chez leur tante.

« Tiens ! Gribouille ! s'écrièrent les enfants, par quel hasard es-tu ici avec une pile d'assiettes ?

GRIBOUILLE.

Puisque je suis l'ami de votre papa, monsieur et mamzelle, je fais mon service en ami.

GEORGES.

Gribouille l'ami de papa ! Ah ! quelle plaisanterie !

GRIBOUILLE.

Pas plaisanterie du tout, m'sieur. Vous pouvez le demander à votre papa.... qui est mon ami, je suis bien aise de vous l'annoncer.

ÉMILIE.

Papa ! ton ami ? Ah ! ah ! ah ! Quelle folie ! Papa l'ami de Gribouille !

GRIBOUILLE.

Oui, mamzelle ! Et pourquoi ne serait-il pas mon ami, puisque je suis le sien, moi ? »

Caroline, qui avait entendu la voix des enfants et de Gribouille, accourut et leur expliqua comment et pourquoi, elle et son frère étant dans la maison, Gribouille faisait le service de la table. Les enfants, qui aimaient beaucoup Caroline et qui s'amusaient souvent des naïvetés de Gribouille, furent très-contents de ce changement dans le service. Ils coururent au salon, embrassèrent M. et Mme Delmis et s'extasièrent sur la coiffure de Mme Delmis, à la grande satisfaction de Caroline, qui y avait mis tout son savoir.

« Gribouille prétend que je suis trop vieille pour me coiffer ainsi, dit en riant Mme Delmis.

— Trop vieille ! par exemple ! Cela vous va à merveille, maman ; coiffez-vous toujours ainsi.

— Moi je trouve cette coiffure jolie, mais pas très-commode, dit M. Delmis.

MADAME DELMIS.

Très-commode, mon ami ! rien de si commode ! C'est solide ! Tous les cheveux sont crêpés dessous.

ÉMILIE.

Est-ce que vous les décrêpez le soir, maman ?

MADAME DELMIS.

Je ne sais pas encore, chère petite; c'est la première fois que je me suis coiffée ainsi.

ÉMILIE.

Ça sera très-long à défaire?

MADAME DELMIS.

Non, un quart d'heure au plus. C'est Caroline qui s'en chargera.

ÉMILIE.

Je suis bien contente que Caroline soit ici; mais Gribouille? Il est si bête! Qu'est-ce qu'il fera?

MADME DELMIS.

Sa sœur le fera travailler; il l'aide beaucoup. »

Pendant cette conversation, Caroline écoutait les explications de Gribouille, qui lui racontait la scène de la grange avec Rose, leur frayeur, l'arrestation de Rose par le brigadier, et tout ce qui s'était passé ensuite.

CAROLINE.

Vois-tu, Gribouille, comme c'est mauvais de trop parler et de raconter ce qu'on a entendu dire, ce qu'on a vu! La pauvre Rose a manqué de traverser la ville, les mains liées, sous l'escorte d'un gendarme, par suite des bavardages de Mme Grébu. A propos de bavardages, tu parles trop devant les maîtres, Gribouille; ce soir, tu as encore fâché Mme Delmis.

GRIBOUILLE.

Ce n'est rien, ne fais pas attention; Monsieur te

fait dire qu'il est content et que tu ne dois pas être fâchée ; il est mon ami, il me l'a dit.

CAROLINE.

Je suis bien aise que Monsieur soit content ; mais je t'en prie, Gribouille, ne mécontente pas Madame. Ne lui parle plus de ses robes et de ce qui lui va, de ce qui ne lui va pas. Ça ne te regarde pas. Occupe-toi de ton ouvrage, c'est le vrai moyen de contenter tout le monde.

Gribouille lui promit de ne plus faire d'observations et de les garder toutes pour elle. Caroline se rendit tous les jours plus utile par son intelligence, son activité, son adresse à faire toute sorte d'ouvrages, son empressement à servir ses maîtres. Tous les matins, avant que personne fût éveillé dans la maison, elle allait entendre la messe du curé et prier sur la tombe de sa mère ; elle lui demandait son secours pour continuer le service fatigant auquel elle s'était dévouée par tendresse pour son frère. Si elle avait été seule, elle aurait continué l'état de couturière, qui lui donnait de quoi vivre agréablement, et qui la laissait libre de ses dimanches et de ses soirées. Chez Mme Delmis le travail du dimanche et des fêtes était le même que celui des jours de la semaine ; il fallait de même faire les appartements avec Gribouille, aider à la toilette de Madame, des enfants, apprêter les repas, mettre et enlever le couvert, laver la vaisselle. La seule douceur que se permettait Caroline était d'assister à la grand'messe, à l'office du soir et d'aller passer une heure le soir chez M. le curé. Gribouille, pendant cette absence, jouait avec les enfants. Il impatientait souvent Mme Delmis, et faisait rire les enfants par ses niaiseries; ses maladresses se répétaient fréquemment; il était rare qu'un jour se passât sans qu'il brisât quelque chose ou qu'il fît quelque gaucherie. M. Delmis l'excusait de son mieux; Gribouille le remerciait par un regard rempli de tendresse et de reconnaissance. M. Delmis avait reconnu dès le début la bonté, le dévouement, l'affection du pauvre Gribouille; ces excellentes qualités le rendaient indulgent pour des gaucheries qui devenaient moins fréquentes à mesure que l'habitude du service lui donnait plus d'assurance et d'adresse. Bien des fois M. Delmis avait aidé Caroline à cacher à Mme Delmis les fautes de Gribouille. Un jour le pauvre garçon avait brisé un vase qu'on lui avait remis pour y mettre des fleurs; Caroline désolée, ne savait comment affronter le mécontentement de sa maîtresse; M. Delmis, témoin de l'accident, alla chez le marchand de porcelaines pour remplacer le vase cassé, et en trouva un tout semblable qu'il s'empressa d'apporter au frère et à la sœur consternés. La joie de Gribouille, quelques mots naïfs et affectueux, la reconnaissance de Caroline, le récompensaient de sa bonne action et lui assuraient l'affection dévouée des pauvres orphelins.

Un jour, Caroline annonça à son frère qu'il y aurait un grand dîner et qu'il fallait se dépêcher pour tout préparer, et mettre le couvert convenablement

GRIBOUILLE.

Qu'est-ce que tu appelles convenablement?

CAROLINE.

Mieux qu'à l'ordinaire; tu choisiras les assiettes qui ne sont pas écornées; tu essuieras tout d'avance, pour n'avoir pas à t'en occuper pendant le dîner : tu arrangeras plus d'assiettes de dessert; tu mettras de la mousse sous les fruits; enfin tu tâcheras que ce soit joli, que le coup d'œil de la table soit bien, que M. et Mme Delmis soient contents.

GRIBOUILLE.

Quant à Monsieur, ce ne sera pas difficile; il est toujours content; pour Madame, c'est autre chose : elle n'est jamais contente, elle....

CAROLINE.

Chut! Si Madame t'entendait!

GRIBOUILLE.

Eh bien! quand elle m'entendrait! je ne dis que la vérité. C'est-y pas vrai que j'ai beau faire, beau m'échiner, elle gronde toujours et trouve toujours moyen de reprendre? L'autre jour, n'a-t-elle pas fait les cent coups parce que j'avais ficelé le bec de son perroquet ?

CAROLINE.

Je crois bien, il ne pouvait plus manger, il serait mort de faim.

GRIBOUILLE.

Voilà-t-il pas le grand malheur! Une méchante bête qui répète tout ce que je dis, qui m'injurie du matin au soir, qui me donne des coups de bec dans

les jambes pendant que je fais mon ouvrage ; qui m'agace, qui me met en colère, qui m'aigrit le caractère ; tout ça par méchanceté, pour m'empêcher d'avoir fini à temps !

CAROLINE.

Quelles folies tu dis là, Gribouille ! Est-ce qu'un perroquet comprend et raisonne ?

GRIBOUILLE.

S'il comprend ? S'il raisonne ? Je crois bien qu'il comprend. S'il était bête comme toutes les bêtes, est-ce qu'il parlerait ? Est-ce qu'il crierait à tous ceux qui viennent et même aux gens qui passent dans la rue : « Gribouille est bête ! Mon Dieu qu'il est bête ! Imbécile de Gribouille ! » Et quand on lui demande : « Qui est-ce qui t'a battu, Jacquot ? Qui est-ce qui t'a arraché tes plumes ? » Tu crois qu'il va dire : « Ma foi, je n'en sais rien, » ou bien : « C'est personne ; » pas du tout ; il prend un air !... il faut voir son air ! une vraie mine de diable ! et il répond : « C'est Gribouille ! Pauvre Jacquot ! Gribouille a battu. » Et l'autre jour que j'étais enrhumé, que je toussais à faire pitié, tu crois que Jacquot aura dit : « Pauvre Gribouille ! du sucre à Gribouille ! » Ah ! bien oui ! Il s'est moqué de moi ; il s'est mis à tousser comme moi, à cracher comme moi, et à dire d'un air tout triste : « Pauvre Jacquot ! Du sucre à pauvre Jacquot ! » Aussi qu'est-il arrivé ? c'est qu'au lieu de me plaindre, les enfants se sont mis à rire, les maîtres aussi. Pour Madame, cela ne m'a pas étonné ; mais pour Monsieur, j'en ai été surpris et blessé; lui qui se dit mon ami, aurait dû faire taire ce maudit perroquet et lui démontrer que c'était une pure et vraie méchanceté qu'il faisait là. Au lieu de prendre mon parti, voilà Monsieur qui se range du côté de mon ennemi. Aussi, le dîner terminé, quand nous sommes restés en tête à tête.

— Tu lui as ficelé le bec, à ce pauvre animal.

— D'abord, j'ai parlé raison; mais.... pas moyen de se faire entendre! Il m'agonisait de sottises; il sautait sur moi et me donnait des coups de bec, que j'en saignais. Ah! coquin, lui ai-je dit, tu crois, parce que tu fais rire les maîtres, que tu seras le plus fort; attends, mon garçon, à nous deux! Et voilà que je l'empoigne par le cou et que je lui noue le bec avant qu'il ait seulement eu le temps de crier au secours. C'est qu'il l'aurait fait! Mais une fois ficelé, c'est moi qui riais, et lui qui faisait une mine.... une mine si piteuse! Ha! ha! ha! j'en ris encore.

— Pauvre Gribouille! dit Caroline en le regardant avec une tendre pitié. Pauvre Gribouille!

GRIBOUILLE.

N'est-ce pas? c'est que j'étais réellement à plaindre.

CAROLINE.

Oui, oui; mais va tout préparer pour le dîner et arrange un beau dessert.

Gribouille partit en chantant. Caroline le suivit des yeux, puis retourna aux fourneaux et passa un mouchoir sur sa figure pour essuyer quelques larmes qui coulaient malgré elle. « Pauvre frère ! se dit-elle. J'ai beau le faire taire, l'aider à son ouvrage, arranger ses paroles, Madame le prend de plus en plus en grippe. Il ne m'écoute plus comme jadis : il devient colère, impertinent. Ce perroquet le met hors de lui. Je sens qu'il sera bientôt impossible à Madame de le garder à son service. Sans Monsieur, elle l'aurait chassé depuis longtemps ; lui renvoyé, je ne resterais pas, et me voilà de nouveau à chercher notre vie par mon travail. C'est que je n'y suffirais pas ! On paye si peu ! Et Gribouille a bon appétit !... Pauvre garçon ! »

Caroline reprit son travail suspendu ; elle prépara les viandes, mit les casseroles au feu, et tout en les surveillant elle se hâta de terminer une robe que Mme Delmis désirait beaucoup pouvoir mettre pour son dîner. Gribouille ne perdait pas de temps de son côté ; il préparait le couvert.

« Voyons comment j'arrangerai mon dessert, dit-il quand il eut placé les assiettes, les verres et les couverts. Caroline m'a dit de faire un beau dessert et de mettre de la mousse sous les fruits. Pour mettre de la mousse, il faut en avoir ; je vais aller en chercher au jardin. »

Gribouille descendit au jardin et n'eut pas de

Mais une fois ficelé, c'est moi qui riais! (Page 171.)

peine à trouver des paquets de mousse, qu'il rapporta joyeusement.

« A l'ouvrage! se dit-il. Qu'est-ce que Madame a sorti pour le dessert? Des pommes! bon!... Des poires! très-bien!... Des abricots en compote!... Des prunes en compote! Ah! ah! ceci sera plus difficile à arranger avec la mousse.... Comment vais-je faire? Le jus va me gêner. »

Gribouille réfléchit un instant.... « J'y suis s'écria-t-il. La mousse bien arrangée dans le compotier (Gribouille arrange la mousse), je prends ma compote, je la vide sur la mousse.... (Gribouille fait à mesure qu'il dit.) Je range proprement les abricots sur la mousse.... J'ai les doigts tout poissés! Cette mousse a bu tout le jus.... Les prunes maintenant.... Là.... c'est fait.... Drôle de compote tout de même!... Tiens! des fourmis qui étaient dans la mousse et qui se sont noyées dans le jus! Oh! comme elles se débattent! Je les aiderais bien à se sauver, mais j'ai peur qu'elles ne me piquent les doigts. C'est méchant les fourmis! c'est bête! ça n'a pas de reconnaissance.... Assez regardé. A présent, rangeons les pommes, les poires! »

Lorsque Gribouille eut fini l'arrangement des fruits, et qu'il eut placé sur diverses assiettes des biscuits, des macarons, des amandes, des noisettes, des croquignoles, des pains d'épices et autres douceurs, il commença à tout disposer sur la table.

Enchanté du bon goût et de l'imagination qu'il avait déployés, il regardait la table avec complaisance, tournant autour et s'admirant dans son œuvre. « Il manque quelque chose au milieu, dit-il en s'arrêtant; il manque quelque chose.... c'est certain.... quelque chose d'un peu haut.... Ah! j'y suis!... » Et Gribouille, courant au perroquet, saisit le perchoir sur lequel dormait son ennemi et le posa sans bruit et sans secousse au beau milieu de la table ; il reprit de la mousse et entoura le perchoir, de façon à faire une pyramide dont le sommet était Jacquot dormant profondément.

Pour le coup, Gribouille se crut un grand homme.

« Jamais, se dit-il, jamais rien de plus beau n'a été placé sur une table! Je les empêcherai d'entrer pour qu'ils en aient la surprise. » Et Gribouille sortit, ferma la porte à double tour et mit la clef dans sa poche. Quand il rentra à la cuisine, son air radieux frappa Caroline.

CAROLINE.

Qu'as-tu, mon frère? Tu as l'air enchanté.

GRIBOUILLE.

Il y a de quoi, ma sœur. Je t'assure que tu ne verras pas souvent des choses arrangées comme elles sont là-haut.

CAROLINE.

Es-tu sûr d'avoir bien fait? Tu n'as pas eu quelque invention malheureuse?

Jamais, se dit-il, jamais rien de plus beau n'a été placé sur une table. (Page 146.)

GRIBOUILLE.

Malheureuse! Si tu appelles malheureuses les idées les plus gracieuses, les plus élégantes!...

CAROLINE.

Ah! mon Dieu! quel air solennel tu prends! Dis-moi ce que tu as fait, Gribouille? ou plutôt je vais monter et jeter moi-même un coup d'œil sur ton couvert.

GRIBOUILLE.

Monte, Caroline, monte; seulement, tu ne verras rien.

CAROLINE.

Pourquoi ne verrai-je rien, s'il y a quelque chose?

GRIBOUILLE.

Il y a même beaucoup; mais tu ne verras rien, parce que la clef est dans ma poche.

CAROLINE.

Pourquoi as-tu ôté la clef? Va vite la remettre, si Madame veut entrer.

GRIBOUILLE.

Elle n'entrera pas, c'est moi que le dis.

CAROLINE.

Impossible! Tu vas la fâcher encore. La voilà qui m'appelle, tout justement. Remets la clef à la porte, Gribouille.

GRIBOUILLE.

Je t'en prie, je t'en supplie, Caroline, laisse-moi le plaisir de les surprendre! c'est si joli!

CAROLINE.

Fais comme tu voudras, mon pauvre frère; je crains seulement qu'il ne manque quelque chose.

GRIBOUILLE.

Rien du tout. C'est parfaitement arrangé.

CAROLINE.

Surveille mes casseroles pendant que j'habille Madame.

Caroline sortit, laissant Gribouille enchanté du coup de théâtre qu'il espérait. Mme Delmis n'eut pas le temps d'inspecter les préparatifs de Gribouille. Aussitôt qu'elle fut prête, ses convives arrivèrent. Parmi les invités se trouvaient Mme Grébu, Mme Ledoux et Mme Piron.

« Mettons-nous à table, » dit Mme Delmis quand Gribouille vint annoncer que le dîner était servi.

Il suivit de près pour jouir de la surprise et de l'admiration générales. En effet, chacun admira l'abondance et l'arrangement du dessert. Mais Gribouille n'entendait rien; il restait consterné devant la place vide de Jacquot.

« Pourquoi cette pyramide de mousse? demanda Mme Grébu. Que voulez-vous y mettre, chère amie?

MADAME DELMIS.

Rien du tout.... Je ne comprends pas.... Je ne l'avais pas vue....

— C'est pour faire point de vue et désigner le

Il suivit de près pour jouir de la surprise et de l'admiration générales. (Page 1°0.)

milieu de la table, dit en souriant M. Delmis, qui devinait quelque fatale invention de Gribouille.

— C'est quelque sotte pensée de Gribouille, reprit Mme Delmis avec aigreur. Pourquoi cette mousse, Gribouille? Parlez donc! répondez! Vous entendez bien que je vous parle.

— Madame a bien de la bonté, certainement, répondit Gribouille avec embarras et en jetant sur M. Delmis un regard suppliant. J'avais pensé, comme il manquait un milieu de table, car Madame se rappelle que l'autre jour, quand Monsieur a voulu en acheter un, elle a trouvé que c'était trop cher....

MADAME DELMIS, *avec impatience.*

C'est bon, c'est bon! Et après?

GRIBOUILLE.

Alors j'ai pensé que... si j'avais seulement Jacquot, que cela ferait bon effet.... Et puis, quand j'ai mis Jacquot, j'ai voulu lui faire plaisir et honneur, ainsi qu'à Monsieur et à Madame, car je n'oublie jamais que c'est Monsieur et Madame qui sont les maîtres, et à qui revient l'honneur de toutes choses, que Jacquot n'est qu'un misérable animal.... Oui, monsieur, continua Gribouille s'animant; et un méchant animal.... Que j'aurais dû m'en méfier!... Je le place à la table des maîtres, je l'entoure d'un lit de mousse, et il déserte la place!... Il déshonore mon invention!... C'est pour me faire pièce qu'il est parti.... Et.... tenez.... tenez!.... Que ces messieurs et dames veuillent bien regarder : il a fait ses ordures sur la nappe!... il a grignoté les amandes, il a dérangé les pommes, il a arraché les queues des poires!... Madame pense que ce n'est pas agréable d'avoir un ennemi si cruel dans la maison. Tout mon dessert saccagé, dévasté!... Je prie Monsieur et Madame de m'excuser.... mais.... je ne puis pas.... hi, hi, hi!... retenir mes larmes.... hi, hi, hi!... quand je vois tout l'honneur qui me revenait. .. hi, hi, hi!... perdu par la méchanceté.... hi, hi, hi!... de ce misérable, de cette brute.... L'un de nous deux restera sur le carreau.... J'en préviens Monsieur et Madame.... il arrivera malheur à l'un de nous....

MONSIEUR DELMIS.

Calme-toi, Gribouille.... Ce n'est rien, mon ami. Le dîner n'en sera pas moins bon ; ton dessert n'en est pas moins beau. Oublions Jacquot pour la soupe que nous attendons et que tu vas nous servir.

GRIBOUILLE.

Monsieur est bien bon de me traiter d'ami ; certainement Monsieur a droit à mon service ; c'est avec plaisir que je vais servir la soupe à ces messieurs et dames. »

Gribouille oublia son chagrin en servant le dîner avec une activité et un zèle qu'aucune maladresse ne vint troubler. Seulement quand on arriva aux compotes, et que Mme Delmis, qui les cherchait, fut avertie par Gribouille qu'il les avait versées sur la mousse des compotiers, sa colère éclata et le pauvre Gribouille fut traité de bête, d'imbécile, d'idiot. Mme Piron riait en compagnie de Mmes Grébu et Ledoux ; elle voulut même adresser quelques paroles ironiques à Gribouille.

« Je n'aime pas que l'on rie de moi, s'écria Gribouille, lançant à ces dames des regards irrités ; que mes maîtres se permettent d'injustes reproches, c'est leur droit, mais que d'autres s'y joignent, je ne le veux pas.

— Gribouille, tu oublies que tu parles à des amies de ma femme, dit M. Delmis d'un air mécontent.

GRIBOUILLE.

Des amies! Bonnes amies en vérité! Si elles désirent que je répète les paroles qu'elles nous ont dites il y a trois mois, quand nous sommes entrés chez Monsieur, il verra si....

— De grâce, monsieur Delmis, ne grondez pas ce pauvre garçon, interrompit Mme Grébu ; nous savons bien que ses paroles ne peuvent blesser. Est-ce qu'il sait ce qu'il dit ?

GRIBOUILLE.

Si je sais ce que je dis ! Vous allez voir si je....

MONSIEUR DELMIS, *sèchement*.

Assez, assez, Gribouille ; passe-nous le café au salon. »

Et M. Delmis, offrant son bras à Mme Grébu, passa au salon, suivi de toute la société. Gribouille comprima son mécontentement ; en ôtant le couvert, il chercha Jacquot qu'il ne trouva pas, heureusement pour ce dernier ; quand il raconta à Caroline ce qui s'était passé au dîner, celle-ci soupira, mais ne fit aucun reproche au pauvre Gribouille. Le soir, Mme Delmis ne parla de rien, et le lendemain, le frère et la sœur reprirent leur service comme d'habitude.

XII

Les serins.

Caroline et Gribouille balayaient et essuyaient dans le salon. Gribouille, qui se trouvait fatigué, s'étendit dans un fauteuil. On sonne à la porte. Gribouille ne se dérange pas. Au second coup de sonnette, Caroline se retourne vers son frère.

CAROLINE.

Tu n'entends donc pas, Gribouille? On sonne; va vite ouvrir.

GRIBOUILLE.

Je ne peux pas; je n'ai pas le temps.

CAROLINE.

Comment! tu n'as pas le temps? Qu'as-tu de mieux à faire?

GRIBOUILLE.

Je me repose; j'en ai encore pour un bon quart d'heure.

CAROLINE.

Quelle bêtise dis-tu là! Tu plaisantes, j'espère.

Un troisième coup de sonnette retentit plus violent que les deux premiers. Gribouille ne bouge

pas. Sa sœur le regarde avec tristesse, hausse les épaules et va ouvrir en se disant tout bas :

« Pauvre garçon ! je vois que je ne pourai jamais le former pour le service. »

Elle ouvre la porte ; un domestique entr, portant une cage.

LE DOMESTIQUE, *à Caroline.*

Mademoiselle, je suis nouveau dans le pys, je ne suis pas sûr que ce soit ici chez M. et Mle Delmis ; voici deux serins que j'apporte pour es enfants de Mme Delmis; voulez-vous les remettre de la part de Mme Pierrefond, ma maîtresse?

CAROLINE.

Bien obligé, monsieur, je n'y manquerai pas. C'est bien ici que demeurent M. et Mme Delmis?

Le domestique regarde Gribouille qui rit niaisement.

LE DOMESTIQUE.

Qu'a-t-il donc à rire, ce garçon? La bonne tête! A-t-il l'air nigaud!

GRIBOUILLE.

J'ai l'air que j'ai. Est-ce que ça vous regarde? Je ne vous dis rien, à vous; pourquoi venez-vous me taquiner?

LE DOMESTIQUE, *d'un air moqueur.*

Faites excuse, monsieur, je n'avais pas l'intention de vous contrarier; seulement je pensais tout haut.

GRIBOUILLE.

A la bonne heure! je vous pardonne; et à l'avenir, tâchez de penser bien pour bien parler.

Le domestique s'en alla en riant et en faisant des signes qui indiquaient qu'il croyait Gribouille atteint de folie. Caroline parut contrariée.

CAROLINE.

Pourquoi as-tu parlé à ce domestique que tu ne connais pas, Gribouille? il ne te disait rien.

GRIBOUILLE.

Tu appelles cela ne rien dire, quand il me traite

de bête, de nigaud, et de je ne sais quoi encore qu'il pensait et qu'il n'osait pas dire.

CAROLINE.

Tu te querelles avec tout le monde; tu vois que Monsieur et Madame n'aiment pas qu'on se dispute, et toi, depuis quelque temps, tu attaques toujours, tu ne supportes rien; tu deviens trop familier avec Monsieur et grossier avec Madame.

GRIBOUILLE, *se fâchant.*

Et pourquoi donc que je supporterais, moi, ce qu'ils ne supportent pas? Va donc dire aux maîtres qu'ils sont nigauds, bêtes, crétins, maladroits, brise-tout, comme on me dit à moi toute la journée; et tu verras les hélas et les cris qu'ils pousseront. C'est que ça m'ennuie à la fin.

CAROLINE, *le calmant.*

Voyons, Gribouille, mon frère, ne te fâche pas; tout ça c'est pour rire; ils ne pensent seulement pas ce qu'ils disent.

GRIBOUILLE.

Tu crois?

CAROLINE.

J'en suis sûre. N'en parlons plus; et finis d'essuyer le salon pendant que je vais voir au déjeuner.

Gribouille continua à épousseter. Il arriva à la cage, la prit, regarda les oiseaux et se mit à causer avec eux.

« Pauvres petits! ils s'ennuient là dedans.... Ne

jamais sortir! C'est-y embêtant! Ça fait pitié, ces pauvres petites bêtes!... Ma foi, je n'y tiens pas; je vais les laisser voler dans la chambre, ça va toujours les amuser un peu. »

Gribouille ouvre la porte de la cage, qu'il pose sur une table; les serins approchent de la porte ouverte, s'envolent, se perchent sur le bâton d'un rideau de croisée et chantent joyeusement. Gribouille est enchanté, il bat des mains; les oiseaux ont peur, quittent le rideau et se dirigent vers une croisée restée ouverte. Gribouille les poursuit en criant:

« Pas par là, pas par là, les petits; attendez que je ferme. »

Mais les serins, qui voient l'air, l'espace, la verdure, s'élancent hors de la fenêtre et s'envolent au loin. Gribouille reste pétrifié.

« Les petits scélérats! Me jouer ce tour-là! A-t-on jamais vu chose pareille? Ils vont être joliment attrapés. Je cours fermer la grille du jardin; ils seront bien fins s'ils peuvent l'ouvrir pour aller dans la campagne. »

Gribouille sort précipitamment; peu d'instants après, il rentre tout essoufflé. Au même moment, Émilie entre au salon; elle regarde de tous côtés et aperçoit ls cage.

« Ah! la voilà! voyons les oiseaux. »

Elle approche de la cage, voit avec surprise la porte ouverte et pas d'oiseaux dedans.

Elle appelle Gribouille.

« N'y avait-il pas des oiseaux dans cette cage ? Où sont-ils, Gribouille ?

GRIBOUILLE, *avec un rire niais.*

Certainement, mademoiselle, certainement il y avait des oiseaux. A quoi pourrait servir une cage sans oiseaux ?

ÉMILIE, *regardant autour d'elle.*

Où sont-ils ? je ne les vois pas.

GRIBOUILLE.

Mademoiselle peut être tranquille; ils ne sont pas loin.

ÉMILIE.

Je voudrais bien les avoir; voulez-vous me les apporter, Gribouille?

GRIBOUILLE.

Quant à cela, mademoiselle, il faut attendre un peu. Les oiseaux ce n'est pas comme l'homme, c'est bête comme toutes les bêtes. J'aurais beau les appeler, leur dire que Mademoiselle désire faire connaissance avec eux, c'est comme si je ne disais rien. Mademoiselle pense bien que ce n'est pas mauvaise volonté de ma part; je ferais tout pour contenter Mademoiselle, excepté de donner de mon esprit aux bêtes.

ÉMILIE, *avec un sourire moqueur*.

Non, non, je n'en demande pas tant. Gardez votre esprit, Gribouille, tâchez même de l'augmenter; seulement, je ne comprends rien de ce que vous dites et je ne sais pas encore où sont les oiseaux que m'a envoyés ma cousine Lucie.

GRIBOUILLE.

Ils se promènent, mademoiselle; ils étaient fatigués de leur cage et ils sont allés faire un tour. Ça se comprend; ces pauvres bêtes, toujours enfermées. On se lasse, à la fin.

ÉMILIE, *consternée*.

C'est vous qui les avez lâchés?

GRIBOUILLE.

Certainement, mademoiselle : qui donc aurait eu pitié de ces pauvres petites bêtes innocentes, si ce n'est moi? Je les ai fait sortir; mais ils ne vont pas tarder à rentrer, car j'ai poussé la grille du jardin et il faudra bien qu'ils rentrent quand ils verront tout fermé.

ÉMILIE, *avec impatience.*

Vous êtes plus nigaud que jamais, mon pauvre Gribouille. Vous ne faites que des bêtises ! A-t-on jamais imaginé de laisser des serins s'envoler !

GRIBOUILLE, *s'animant à mesure qu'il parle.*

Mais puisque je vous dis, mademoiselle, que j'ai fermé la grille. J'ai fait ce que j'ai pu, moi. Que vouliez-vous que je fisse? Fallait-il m'envoler après eux? Est-ce que j'ai des ailes, moi? Est-ce ma faute si ces bêtes n'ont pas de jugement, si elles ne comprennent pas qu'elles doivent rentrer? Tout ça, voyez-vous, c'est de la méchanceté de leur part. Ils savent qu'ils me font gronder. Il leur en coûtait beaucoup peut-être de rentrer avant que vous ayez vu leur cage vide! C'est toujours la même chanson : tout le monde réuni contre moi. Je ne peux plus y tenir. Jusqu'à un perroquet et des serins qui se liguent pour me faire gronder! »

Et le pauvre Gribouille tombe assis sur une chaise, appuie son coude sur la table et cache son visage dans ses mains; il pleure.

Émilie, que le discours de Gribouille avait étonnée, puis amusée, le voit pleurer ; elle approche, lui prend les mains.

ÉMILIE.

Voyons, mon pauvre Gribouille ! Il ne faut pas vous affliger pour si peu de chose.

GRIBOUILLE, *sanglotant.*

Si peu de chose ! Mademoiselle appelle cela peu de chose ! Tout ce que je fais tourne contre moi. J'entends dire à chacun : « Gribouille est bête ! Dieu, qu'il est bête ! » Jusqu'à ma propre sœur, ma meilleure et seule amie, qui dit de même. Et Mademoiselle croit qu'on peut supporter tout cela ! que je peux me laisser insulter pour des animaux ! Et quels animaux encore ? un perroquet et des serins ! Non, non, je ne me laisserai plus faire, je me révolterai ou je mourrai ; je souffre trop ; je ne sais plus que dire, que faire ; je sens ma pauvre tête qui part.

Et Gribouille, qui s'était levé, allait et venait dans la chambre, et dans son désespoir frappait les meubles, cognait les murs, se tapait la tête, s'arrachait les cheveux. Émilie s'était sauvée et était allée chercher Caroline.

XIII

La cage.

Gribouille resté seul retombe sur sa chaise.

Caroline, avertie par Émilie, entre avec précaution, voit Gribouille immobile, s'approche sans bruit, veut lui prendre la main. Gribouille saute de dessus sa chaise, Caroline pousse un cri.

GRIBOUILLE.

Eh bien, quoi? Penses-tu que je sois en colère contre toi? Me prends-tu pour un mauvais cœur, un ingrat? viens-tu me gronder comme ils font tous?

CAROLINE, *avec affection.*

Non, pauvre frère; non.... Tu sais que je t'aime. Si je te gronde quelquefois, c'est pour ton bien....

GRIBOUILLE, *avec désespoir.*

Mon bien, mon bien! Je me passerais volontiers de ce bien-là! Je ne veux pas qu'on me gronde toujours. Ça m'ennuie, ça m'assomme; j'en perdrai l'esprit.

Dans son désespoir, il se tapait la tête, s'arrachait les cheveux.
(Page 195.)

CAROLINE.

Écoute, mon frère ; tu te souviens du jour où tu as cassé une glace avec ton balai ?

GRIBOUILLE.

Oui. Et après ?

CAROLINE.

Et après, tu n'as plus recommencé ; tu as fait attention.

GRIBOUILLE.

Je crois bien, tu m'as si bien grondé que j'en ai pleuré, que je n'en ai pas déjeuné. Il y avait tout juste une galette qui me faisait une envie.... Je l'ai regrettée bien des fois, va.

CAROLINE.

Ta maladresse ?

GRIBOUILLE.

Non, la galette.

CAROLINE *sourit*.

Ah !... C'est égal ; tu n'as plus rien cassé depuis avec ton balai ; c'est parce que je t'avais grondé.

GRIBOUILLE.

Ça m'a fait un effet tout de même ; ceci est vrai.

CAROLINE.

Tu vois donc, mon pauvre Gribouille, qu'il ne faut pas te fâcher ni t'affliger quand on te gronde, mais tâcher de ne plus recommencer pour ne plus être grondé

GRIBOUILLE.

C'est pourtant vrai ce que tu dis. Tiens, laisse-moi t'embrasser. Tu as de l'esprit, toi ; tu as une manière de dire qui m'empêche de me fâcher. Tu me dirais : « Gribouille, tu es bête; Gribouille, tu es sot ; Gribouille, tu es un animal.... » je ne me fâcherais pas ; vrai, je ne t'en voudrais pas. Quelque chose me dit : « Gribouille, ta sœur t'aime laisse-la dire. »

CAROLINE, *avec tristesse et affection.*

Oui, Gribouille, je t'aime et je suis seule à t'aimer. J'ai promis à notre pauvre mère de te soigner, de te protéger, de t'aimer, comme elle nous aimait. J'ai tenu ma promesse, Gribouille ; je t'ai placé avec moi dans cette maison, et je n'y resterais pas sans toi, si tu te faisais renvoyer.... Et que deviendrions-nous ? Voilà pourquoi, mon pauvre frère, tu me chagrines quand tu fais mal. Je tremble que les maîtres ne se fâchent, ne te renvoient, et que tu ne viennes à souffrir du froid et de la faim.

GRIBOUILLE, *attendri.*

Bonne Caroline ! Je ferai de mon mieux, je t'assure. Mais, vois-tu, on me dit toujours que je suis bête, et cela me trouble ; je ne sais plus ce que je fais, surtout quand ce maudit Jacquot se met à m'instruire.

CAROLINE.

Mon pauvre Gribouille, fais ton ouvrage et rien

de plus. Balaye, essuie, frotte, nettoie; mais qu'avais-tu besoin de lâcher les oiseaux? Pourquoi y touchais-tu?

GRIBOUILLE.

C'était par pitié, je t'assure; ces pauvres petites bêtes! Pense donc, si on nous avait enfermés dans une cage.... et si petits encore!

CAROLINE.

Ils sont habitués à vivre enfermés; d'ailleurs ils ne pensent pas. Ce n'est pas comme nous.

GRIBOUILLE.

Ça, c'est vrai.... Ce n'est pas comme nous.... Je pense, moi, je raisonne : je me dis : Jamais je n'aurais agi comme eux; je n'aurais pas fait gronder Gribouille; je serais revenu après avoir été jusqu'à la grille seulement.... Tu sais que j'ai été fermer la grille pour les empêcher de passer. Ce n'était pas bête, tout de même.

Mme Delmis entre avec Émilie.

« Gribouille! dit-elle d'une voix irritée.

GRIBOUILLE, *avec douceur*.

Me voici, madame.

MADAME DELMIS.

Pourquoi avez-vous fait peur à Émilie par vos cris? Pourquoi avez-vous ouvert la cage? Pourquoi avez-vous laissé échapper les serins? Pourquoi me regardez-vous comme une bête, sans répondre?

GRIBOUILLE, *d'un air aimable.*

Oh! madame!... Je ne me permettrais pas de regarder Madame comme une bête! J'ai trop de respect pour Madame. Certainement, Madame n'est pas bête du tout, je me plais à le reconnaître.

MADAME DELMIS.

Qu'est-ce qu'il dit donc? Caroline, qu'est-ce qu'il veut dire?

CAROLINE, *avec embarras.*

Que Madame ait un peu d'indulgence. Il n'a pas bien compris ce que disait Madame.... Il est bien fâché d'avoir fait peur à Mademoiselle. C'est le chagrin d'avoir laissé partir les oiseaux, que Mademoiselle a pris pour de la colère.... Il sait trop bien le respect qu'il doit aux maîtres, pour se permettre....

GRIBOUILLE, *interrompant.*

Certainement, je sais trop bien le respect que je dois aux maîtres, pour me permettre....

CAROLINE, *bas.*

Tais-toi donc, tu vas tout gâter.

MADAME DELMIS.

C'est bon! Mais les serins sont perdus.

GRIBOUILLE, *d'un air satisfait.*

Je demande pardon à Madame, ils ne peuvent tarder à rentrer; j'ai fermé la grille.

MADAME DELMIS.

La grille! et que leur fait la grille ouverte ou fermée?

GRIBOUILLE.

Madame oublie qu'un serin, ça n'a pas plus de force qu'une mouche, et qu'ils auront beau se mettre à deux pour pousser la grille, ils ne pourront pas l'ouvrir.

MADAME DELMIS, *avec colère.*

Ils voleront au-dessus, imbécile! Caroline, en vérité votre frère est trop bête! Ma patience est à bout. Débarrassez-moi de ce garçon; il m'excède.

CAROLINE.

Quand Madame voudra me donner mon compte, je suis prêt à partir, malgré tout mon regret de quitter la maison de Madame.

MADAME DELMIS.

Mais, du tout; je ne veux pas vous laisser partir; je suis trop contente de votre service pour me séparer de vous; c'est Gribouille que je veux renvoyer.

CAROLINE.

Oui, madame, et je pars avec lui. J'ai promis à ma mère mourante de ne jamais abandonner mon frère. En entrant chez Madame, j'espérais qu'elle voudrait bien supporter ses.... ses naïvetés. Puisque Madame en est fatiguée, mon devoir est d'accompagner mon frère. Pauvre garçon! que deviendrait-il sans moi?

GRIBOUILLE.

Caroline, tu es trop bonne! Oui, tu es trop bonne! Ne te tourmente pas; je vois que c'est à cause de moi que Madame te met dehors. Eh bien ! moi, je ne veux pas m'en aller ; je resterai malgré tout, je balayerai, je frotterai, j'essuierai, je nettoierai comme tu m'as dit ; je ne lâcherai plus les serins ; alors tu resteras, n'est-ce pas? Où irais-tu? comment vivrions-nous? Tu me dis toujours que le bon Dieu est bon ; s'il est bon, il ne voudra pas te laisser sortir d'ici, où tu es bien, n'est-ce pas? Dis, Caroline, n'est-ce pas que tu es bien? »

Les larmes de Caroline l'empêchent de répondre, elle embrasse son frère en répétant : « Pauvre garçon ! pauvre garçon ! » Gribouille sanglote.

Mme Delmis reste indécise ; enfin, elle s'approche de Caroline et lui dit :

« Ne pleurez pas, Caroline ; j'ai parlé trop vite dans un moment d'impatience. Vous resterez, et Gribouille aussi, mais à la condition qu'il ne touche à rien qu'à son balai et à son plumeau, et qu'il ne fasse pas autre chose que frotter, balayer, nettoyer les appartements, enfin ce qui concerne son service.

CAROLINE.

Je remercie bien Madame de sa bonté ; je ferai mon possible pour satisfaire Madame.

GRIBOUILLE.

Je remercie bien Madame de sa bonté ; je ferai mon possible...

CAROLINE.

Mais tais-toi donc, et reste tranquille.

Je jure de ne toucher à rien qu'à mon balai et mon plumeau.
(Page 207.)

GRIBOUILLE.

Et pourquoi ne remercierais-je pas Madame, puisque tu la remercies bien? et pourquoi ne dirais-je pas à Madame que j'accepte ses conditions, et que je jure (Gribouille étend le bras) de ne toucher à rien qu'à mon balai et mon plumeau, et de ne rien faire que frotter (sans brosse bien entendu), balayer et nettoyer les appartements? »

Mme Delmis se met à rire; Caroline paraît inquiète de l'air solennel de Gribouille, et dit à sa maîtresse :

« Madame veut bien qu'il prenne une brosse et de la cire pour frotter les appartements?

MADAME DELMIS.

Oui, oui, brosse, cire, tout ce qui lui sera nécessaire pour son ouvrage.

GRIBOUILLE.

Et pour ma nourriture, et ma toilette, et mon coucher?

MADAME DELMIS.

Oui, tout; je ne défends que ce qui ne regarde pas votre ouvrage dans la maison.

GRIBOUILLE.

Alors, je rejure. Caroline est mon témoin; je rejure. »

Mme Delmis sort en riant aux éclats; Gribouille la regarde, se met à rire de son côté; il se frotte les mains, fait une gambade et paraît enchanté.

GRIBOUILLE.

J'ai joliment arrangé les choses, tout de même ! J'ai bien fait de jurer et rejurer, n'est-il pas vrai, ma sœur ?

CALOLINE, *préoccupée.*

Très-bien, très-bien. Et maintenant, mon ami, n'oublie pas ta promesse ; prends ton balai, achève de balayer l'appartement, et ne touche à rien.

XIV

La cage (suite).

Caroline sort; Gribouille reste seul; il réfléchit quelque temps et prend son balai.

« Ce ne sera pas commode, tout de même, de ne toucher à rien !... Moi qui avais encore des images à voir.... »

Avec le manche de son balai, il accroche la cage et la fait tomber.

« La ! voilà-t-il encore du malheur ! c'est mon guignon qui me reprend.... Et dire que je ne peux pas ramasser cette cage ! Maudite cage, va ! Dire qu'elle a quatre pieds et qu'elle ne peut pas se tenir, tandis que je tiens solidement, moi qui n'en ai que deux.... C'est-il gênant, cette cage, pour balayer !... Veux-tu t'en aller de là, vilaine ? »

Il donne un coup de balai à la cage, qui roule au milieu de la chambre.

« Allons ! la voilà au beau milieu du salon à présent !... C'est pour se faire mieux voir, pour me faire encore gronder!... Ah! mais!... Je ne vais pas me laisser dominer par une cage, moi? Je

vais la rouler avec mon balai jusque sous le rideau ; lorsque Caroline sera revenue, je la prierai de la ramasser, puisque moi je suis lié par ma parole.... J'ai juré et rejuré de ne toucher à rien.... »

Émilie, qui est rentrée avec son frère Georges pendant que Gribouille fait rouler la cage à coups de balai, le regarde avec surprise ; elle court à lui et l'arrête.

« Mais que fais-tu donc, Gribouille ? tu vas briser ma jolie cage !

GRIBOUILLE.

Ah ! mademoiselle, je n'y puis rien, moi ; elle est tombée, elle gêne le passage, il faut qu'elle roule.

GEORGES.

Pourquoi ne la ramasses-tu pas, au lieu de la pousser comme tu fais ?

GRIBOUILLE.

Je ne peux pas, monsieur ; je suis lié par ma parole. J'ai juré et rejuré.

GEORGES.

Quelle parole ? Qu'est-ce que tu as juré ?

GRIBOUILLE.

Parole sacrée, monsieur ! J'ai juré et rejuré à Mme Delmis, votre mère, ma maîtresse, qui était ici présente, de ne toucher à rien qu'à mon balai, mon plumeau et ma brosse à frotter. Et même, quant à la brosse, c'est Caroline, ma sœur, qui me l'a obtenue, pensant bien, cette bonne sœur, que je m'enlèverais la peau des pieds à frotter sans brosse. »

Georges regarde Émilie, qui regarde Gribouille ; elle lui trouve un air effaré qui l'effraye, et elle se sauve en criant :

« Gribouille est fou ! Caroline, au secours ! »

Caroline entre précipitamment ; Gribouille est

appuyé sur son balai et sourit de pitié; Georges ne sait s'il doit rire ou crier. Caroline va droit à Gribouille.

CAROLINE.

Eh bien, Gribouille! qu'y a-t-il encore? Qu'as-tu fait pour effrayer Mlle Émilie?

GRIBOUILLE, *avec majesté*.

Rien, rien.... rien, te dis-je. Mademoiselle n'a pas compris qu'étant lié par ma parole, je ne pouvais pas ramasser cette cage que mon balai a jetée par terre.

CAROLINE, *avec surprise*.

Pourquoi ne peux-tu pas la ramasser?

GRIBOUILLE.

Mais tu sais bien que j'ai juré et rejuré de ne toucher à rien qu'à mon ...

CAROLINE.

Je sais, je sais; mais tu as oublié, mon pauvre frère, que Madame a dit aussi : « Tout ce qui est nécessaire à son service. »

GRIBOUILLE, *se frappant le front.*

C'est, ma foi! vrai.... Mais tu es mon bon ange, mon sauveur, toi, ma sœur!... C'est pourtant vrai!... « Tout ce qui est nécessaire à son service. » Elle l'a dit. Ah! elle l'a dit!... Et moi qui n'osais pas ramasser cette cage. Suis-je bête! suis-je bête! Ha! ha! ha! En voilà-t-il une bonne bêtise! Ha! ha! ha!... Pauvre Gribouille, va! T'es bête, mon ami, t'es bête!

Gribouille rit aux éclats; Georges ne comprend pas le sujet de sa gaieté; Caroline soupire, s'aperçoit de l'étonnement de Georges, et lui explique ce qui s'est passé entre Mme Delmis et Gribouille. Georges rit à son tour et s'empresse d'aller rassurer sa sœur, qu'il voit dans une des allées du jardin. Caroline dit à Gribouille avec tristesse :

« Mon pauvre frère, moi aussi je te demande une promesse. Travaille toujours avec moi; quand tu auras un ouvrage à faire appelle-moi, nous le ferons ensemble. Et à ton tour tu viendras m'aider quand j'aurai à travailler, soit à la cuisine, soit à l'appartement. De cette façon, tu ne feras jamais mal et tu ne seras jamais grondé, puisque je serai là, moi, pour te conseiller et te diriger. Le feras-tu? me le promets-tu?

GRIBOUILLE.

Oui, je te le promets, ma sœur, ma bonne sœur. Je vois, je sens que c'est toi qui es mon bon ange sur la terre. Je sens bien qu'il me manque de la raison, que je ne suis pas comme tout le monde. Mais je tâcherai, je t'assure que je tâcherai de ne plus faire de sottises ; je voudrais tant te contenter, non pas pour Madame, mais pour toi, toi seule, que j'aime et qui m'aimes ! »

Gribouille embrassait Caroline, lui baisait les mains tout en parlant ainsi.

CAROLINE.

C'est bien, mon ami ; je reçois ta promesse et je sais que tu n'y manqueras pas. Finissons le salon à nous deux, puis nous passerons à la cuisine, où tu m'aideras à préparer le déjeuner et à laver ma vaisselle.

XV

Pauvre Jacquot.

Caroline et Gribouille eurent bientôt fini le salon, et ils allèrent dans la salle à manger pour y préparer le couvert du déjeuner. A peine avaient-ils mis la nappe sur la table, que Caroline s'entendit appeler par Mme Delmis.

GRIBOUILLE.

Est-ce que tu vas y aller, Caroline?

CAROLINE.

Il le faut bien. Madame n'est ni coiffée ni habillée; c'est pour cela qu'elle m'appelle.

GRIBOUILLE.

Et comment vais-je faire pour mon ouvrage? Je t'ai promis de ne pas faire mon service sans toi.

CAROLINE.

Quand cela se peut; mais si cela devient impossible!

GRIBOUILLE.

On peut donc manquer à sa promesse en disant : « C'est impossible. »

CAROLINE.

Oui.... et.... non.... On voit, on réfléchit.... et on fait pour le mieux.

GRIBOUILLE.

Et si le mieux n'est pas bien? Regarde, moi, je fais toujours pour le mieux, et on me dit toujours que c'est mal. Le perroquet que j'avais mis au milieu de la table, c'était certainement très-bien ; tu vois ce que cela a fait! Tout comme si j'avais fait une bêtise.

— Caroline, Caroline! où êtes-vous donc? cria Mme Delmis.

CAROLINE.

Me voici, madame ; j'arrive. — Mets le couvert, Gribouille, et surtout ne casse rien.

Caroline sortit en courant; Gribouille la suivit des yeux.

GRIBOUILLE.

Je ferai pour le mieux, c'est sûr ! mais diront-ils que c'est bien ?

— Gribouille! Ha! ha! ha! Gribouille est bête ! Imbécile de Gribouille ! Ha! ha! ha! dit une voix forte qui partait de derrière le rideau.

GRIBOUILLE.

Qu'est-ce que c'est que ça ? Qui parle de Gribouille ?

LE PERROQUET.

Jacquot! Pauvre Jacquot! Gribouille l'a battu.

GRIBOUILLE.

Ah! c'est toi! menteur! voleur! scélérat emplumé! Ah! c'est toi.... et nous sommes seuls! A nous deux, calomniateur! traître!

Gribouille s'élança vers la fenêtre et ne tarda pas à découvrir le perroquet, qui grimpait le long du rideau en s'aidant du bec et de ses griffes. Voyant arriver son ennemi, Jacquot précipita son ascension en criant: « Ha! ha! ha! imbécile de Gribouille! »

Cette dernière injure exaspéra Gribouille; qui sauta sur le perroquet, presque hors de sa portée; Gribouille ne saisit que la queue, dont quelques plumes lui restèrent dans les mains. Il s'élança une seconde fois sur le rideau après lequel grimpait le pauvre Jacquot avec prestesse et terreur tout en criant:

« Au secours ! Gribouille ! Jacquot ! Gribouille l'a battu ! Pauvre Jacquot ! »

Cette fois Gribouille avait mieux calculé son élan : d'une main il saisit le rideau, de l'autre il attrapa Jacquot au beau milieu du corps, et, le serrant fortement, il lui fit lâcher le rideau.

Te voilà donc, mauvaise langue, insolent, pleurnicheur ! lui dit Gribouille en le regardant avec colère. Ah ! tu crois que cela va se passer en paroles !

Tu vas avoir une bonne correction, mauvais drôle ! Tiens ! vlan ! vlan ! »

Et Gribouille, accompagnant ses paroles du geste, déchargea sur le dos et sur la tête de Jacquot une grêle de coups de poing ; le pauvre animal criait de toutes ses forces :

« Pauvre Jacquot! Gribouille l'a battu!

— Ah! tu appelles! Ah! tu veux encore me faire gronder! Crie, à présent, crie! »

En disant ces mots, Gribouille serrait la gorge de son ennemi, qui continuait à se débattre et à répéter d'une voix étouffée: « Au secours! Pauvre Jacquot!... Pau.... vre.... Jac.... »

Il ne put articuler la dernière syllabe; sa voix expira, son bec et ses yeux s'ouvrirent démesurément, ses ailes retombèrent inertes, et Gribouille ne tint plus dans ses mains qu'un cadavre.

S'apercevant enfin que le perroquet restait sans mouvement, Gribouíllle le laissa retomber.

« V'a-t-en! et ne recommence plus; tu vois à présent que tu n'es pas le plus fort! »

Jacquot ne bougeait pas.

« Tiens! le voilà qui fait le mort, à présent! Veux-tu t'en aller, méchante bête! »

Gribouille lui donne un coup de pied.

« Eh bien! qu'a-t-il donc? qu'est-ce qui lui prend! Il ne bouge pas!... Est-ce que?... Hum! hum! Est-ce que j'aurais serré trop fort?... C'est qu'il ne bouge pas plus qu'un mort. (Gribouille se met à genoux par terre et crie dans l'oreille du perroquet.) Voyons, Jacquot!... pas de bêtises!... Nous serons amis, je t'assure! Jacquot! lève la tête!... Puisque je te dis qu'il n'y a plus de danger! (Gribouille se relève, reste les mains jointes devant le perroquet, qu'il regarde avec frayeur.) Je crois.... je crains.... qu'il ne soit mort comme

maman.... Il va aller avec elle et il va lui dire que c'est moi qui l'ai fait mourir!... Oh! il le dira!... Il est si méchant! Et maman le croira, puisque je ne serai pas là pour lui expliquer.... Ah! oui.... mais quand je serai mort aussi, moi, j'irai avec maman, et je lui raconterai bien des choses qui ne feront pas plaisir à Jacquot... Que faire, à présent? Ils vont tous dire que c'est moi.... Et puis Madame sera d'une colère! d'une colère! Pourvu qu'elle ne renvoie pas Caroline!... Ah! mon Dieu! Caroline, ma pauvre sœur! Quoi faire? quoi dire?... Ah! une idée! Monsieur est mon ami; je vais lui demander conseil.

Et Gribouille, rejetant du pied le pauvre Jacquot jusque sous le rideau, courut chez M. Delmis.

MONSIEUR DELMIS.

Qu'y a-t-il, Gribouille? Tu as l'air tout effaré.

GRIBOUILLE.

Il y a de quoi, monsieur! Si Monsieur savait ce

qui m'arrive.... Mais je n'ai plus peur, car Monsieur est mon ami; il me protégera.

MONSIEUR DELMIS.

Contre qui faut-il te protéger, mon pauvre garçon? Est-ce Mlle Rose ou Mme Piron?

GRIBOUILLE.

Ah, monsieur! bien mieux que ça! c'est eontre Madame.

— Ho! ho! Mais ceci.... devient grave, dit M. Delmis en prenant un air sérieux. Raconte-moi ce qui est arrivé.

GRIBOUILLE.

Voilà, monsieur. J'étais donc à mettre le couvert, quand j'entends une voix, oh! mais une voix! Si Monsieur l'avait entendue, il en aurait été saisi comme moi!

MONSIEUR DELMIS.

Et que te disait cette voix si terrible?

GRIBOUILLE.

Ce qu'elle disait? Des injures! Des choses tout à fait désagréables!

MONSIEUR DELMIS.

Qui était-ce donc?

GRIBOUILLE.

Monsieur va voir. Je regarde, je me retourne. Qu'est-ce que je découvre? Jacquot, ce diable de Jacquot qui s'en donnait à m'injurer; et il grimpait, il grimpait! faut voir comme il se dépêchait....

Car cet animal est lâche, monsieur ; je l'ai toujours vu lâche !... Donc, le voilà qui grimpe en haut du rideau. Je saute après ; j'attrape la queue ; je tire si fort que même il m'en reste deux plumes dans la main.... Mon coquin monte toujours en m'agonisant de sottises.... Ma foi ! la moutarde me monte au nez ; je fais un saut de géant et j'attrape le drôle au beau milieu du corps.... Pas moyen, là !... je le tenais ; je tire, il lâche le rideau.... J'étais en colère, comme Monsieur peut bien le penser. Je tape tant que j'ai de forces. Le gredin crie : « Au secours ! » Je serre le cou ! (M. Delmis fait un mouvement.) Attendez, monsieur, attendez ! Monsieur pense bien que je ne pouvais pas laisser cet animal attirer Madame et Caroline par ces cris ; je serre plus fort et je tape toujours ! Ne voilà-t-il pas qu'il me fait la farce de ne plus bouger, de ne plus crier.

MONSIEUR DELMIS.

Tu l'as étouffé ?

GRIBOUILLE.

Pardon, monsieur, c'est lui qui s'est étouffé lui-même en se débattant comme un possédé, si bien que lorsque je l'ai lâché, il était mort.... Oui, monsieur.... Monsieur me croira s'il le veut.... il était et il est mort.... Et je viens demander conseil à Monsieur ; que croit Monsieur ? que dois-je faire vis-à-vis de Madame ? D'abord elle dira bien sûr que c'est moi.

MONSIEUR DELMIS, *avec impatience.*

Et comment veux-tu qu'elle dise autrement, malheureux ! C'est toi et bien toi qui as tué Jacquot.... Et quel conseil veux-tu que je te donne ?

GRIBOUILLE.

Ainsi, voilà Monsieur qui tourne aussi contre moi ! Monsieur croit que c'est moi qui ai causé la mort de cet animal hypocrite ?

MONSIEUR DELMIS.

Que veux-tu que je dise et que je pense ? et quel conseil veux-tu que je te donne ?

GRIBOUILLE.

Quant à cela, je ne peux pas le dire à Monsieur ; si je savais ce que Monsieur doit me conseiller, je ne le lui demanderais pas.

MONSIEUR DELMIS.

Je n'ai rien à te dire ; je ne sais pas du tout, moi, ce que tu dois faire. Tu fais des sottises et puis tu me demandes de les réparer.

GRIBOUILLE.

Et à qui Monsieur veut-il que je le demande, si ce n'est à mon ami ? Monsieur est mon seul ami sur la terre. Excepté Caroline, qui est si bonne pour moi et qui m'aime, je n'ai personne.... Personne ne m'a jamais dit, comme l'a fait Monsieur : « Gribouille, je te défendrai, je serai ton ami.... » Et voilà pourquoi je viens à vous, Monsieur.

Gribouille, en disant ces paroles, avait les yeux

mouillés de larmes. M. Delmis, ému de la simplicité confiante de ce pauvre orphelin, lui prit la main, et la serrant dans les siennes :

« Oui, tu as bien fait, mon pauvre garçon, mon ami, dit M. Delmis d'une voix émue et en appuyant sur ce mot. Je vais tâcher de te tirer d'affaire. Où est Jacquot?

— Venez, monsieur, je vais vous le faire voir, dit Gribouille en se dirigeant piteusement vers la salle à manger.... Voilà, monsieur, dit-il en l'amenant près du perroquet mort.

— Pauvre Jacquot! dit M. Delmis en le prenant et examinant s'il n'y avait pas quelque reste de vie.

GRIBOUILLE.

Monsieur va-t-il se mettre à plaindre mon ennemi?

MONSIEUR DELMIS.

Cela ne m'empêche pas d'être ton ami, et je vais te le prouver. J'aimais Jacquot, parce qu'il m'amusait; il était drôle, et quand il te disait des injures, il ne savait pas ce qu'il disait. Mais il faut à présent que ma femme ne sache rien de tout cela.... Donne-moi la souricière que j'ai mise près du buffet.... Très-bien ! Tu vois bien qu'il y a des noix au bout du fil de fer qui sert à prendre les souris. Tu vas voir ce que je vais faire. »

M. Delmis prit Jacquot, lui passa la tête dans un

nœud coulant en fil de fer de la souricière, et tira
un peu pour faire croire que le perroquet s'était

pris et étranglé en voulant atteindre les noix pla-
cées au fond de la souricière; il posa le tout par
terre, recommanda à Gribouille de mettre lestement le couvert et se retira dans sa chambre.

« La bonne idée! la bonne idée! s'écria Gribouille en battant des mains. Ce que c'est que
d'avoir de l'esprit! Il faut avouer que j'ai là un vrai

ami, un bon ami, et qui a des idées! Me voici sauvé de Madame.... Et Caroline!... faut-il lui dire? Je crois bien que oui.... ce ne serait pas bien de le lui cacher.

XVI

La découverte.

Tout en réfléchissant et en discourant, Gribouille acheva de mettre le couvert; au moment où il finissait, Mme Delmis entra avec ses enfants, appela son mari; ils se mirent à table, et Gribouille alla chercher un gigot de mouton et une salade que Caroline avait apprêtés.

Le dîner commença silencieusement; on avait faim et on ne songeait qu'à se servir et à manger; M. Delmis était sombre, contrairement à son habitude. Il regrettait Jacquot, il était fatigué des sottises répétées de Gribouille, il ne savait comment s'en débarrasser sans perdre Caroline, dont il aimait et appréciait le service; Mme Delmis était taciturne parce qu'une robe nouvelle, sur laquelle elle avait compté pour faire quelques visites, n'était pas terminée. Les enfants n'osaient parler, l'air sérieux de leurs parents les intimidait. Gribouille, préoccupé de la découverte probable et prochaine de la mort du perroquet, faisait mille gaucheries.

« Donne-moi du vin, Gribouille, dit Émilie.

— Voici, mademoiselle, répond Gribouille en versant du vin dans le verre.

ÉMILIE.

Assez, assez. Regarde ce que tu as fait; tu as presque rempli mon verre.

GRIBOUILLE.

Ça ne fait rien; Mademoiselle va voir. »

Gribouille prend le verre, renverse le vin dans la bouteille et en répand sur la tête et le cou d'Émilie.

ÉMILIE.

Aïe, aïe! j'en ai plein ma tête et ma robe! C'est ennuyeux! Que tu es maladroit!

GRIBOUILLE.

Excusez, mademoiselle; je n'y ai pas mis de malice. Si Mademoiselle ne s'était pas plainte d'avoir trop de vin, je n'en aurais pas remis dans la bouteille, et la robe de Mademoiselle ne serait pas tachée!

ÉMILIE.

Mais puisque tu m'avais donné trop de vin.

GRIBOUILLE.

Je ne dis pas non. Je prie Mademoiselle d'observer que je dis seulement la chose, sans me permettre d'accuser Mademoiselle; je sais que je ne suis pas en position de rejeter la faute sur les maîtres, et que je dois tout supporter et me taire.

MONSIEUR DELMIS.

Alors tu aurais mieux fait de te taire pour commencer, mon pauvre garçon, car tu n'as pas le sens commun.

GRIBOUILLE.

Cela plaît à dire à Monsieur ; tout le monde n'est pas de l'avis de Monsieur. Caroline ne dit pas comme Monsieur.

GEORGES.

Si Jacquot t'entendait, il te dirait quelque injure.

GRIBOUILLE.

Jacquot ! Ah ! mon Dieu ! Monsieur Georges sait donc ?...

GEORGES.

Quoi ? Qu'est-ce que je sais ?... Quel drôle d'air tu as.... Maman, regardez donc la mine effarée de Gribouille.

Mme Delmis leva les yeux et s'étonna à son tour de l'anxiété empreinte sur la figure de Gribouille. M. Delmis leva les épaules avec impatience. Émilie, cherchant la cause de l'immobilité de Gribouille, aperçut le perroquet par terre près du buffet.

ÉMILIE.

Tiens, voilà Jacquot qui va nous expliquer ce qui prend à Gribouille. Jacquot, Jacquot !... Qu'a-t-il donc? Il ne bouge pas.... Jacquot, parle, dis-nous ce que t'a fait Gribouille.

Le silence de Jacquot attira l'attention de Mme Delmis; elle se leva de table, marcha vers le perroquet, voulut le prendre, et poussa un cri en le laissant tomber.

« Il est mort! Jacquot, mon pauvre Jacquot! Il est pris dans la souricière!... étranglé!... mort depuis quelque temps; il est tout froid.

—Jacquot! s'écrièrent les enfants en courant à leur mère, Jacquot! Qui est-ce qui l'a tué? qui l'a étranglé?»

En disant ces derniers mots, Georges se retourna vers Gribouille, qui, pour cacher son embarras, changeait les assiettes de place, essuyait les tasses, coupait du pain, etc.

MADAME DELMIS, *avec sévérité*.

Gribouille, comment Jacquot s'est-il étranglé?

GRIBOUILLE.

Comment Madame veut-elle que je le sache? Madame n'ignore pas que Jacquot n'était pas mon ami, comme Monsieur; qu'il ne me confiait pas ses secrets, et qu'il ne m'a pas raconté comme quoi sa gourmandise lui ferait passer la tête dans la souricière pour voler les noix des souris.... Pauvres petites bêtes!... elles ne sont pas gorgées de friandises comme ce méchant Jacquot.

MADAME DELMIS.

Mais tu savais que Jacquot était étranglé?

GRIBOUILLE.

Comment Madame veut-elle que je l'aie su? Que Madame demande à Monsieur! Il lui dira bien que nous n'étions pas dans les confidences de M. Jacquot.

— Mon mari! dit Mme Delmis se retournant vers lui et l'examinant à son tour. Quel air singulier vous avez, mon ami!... Vous aimiez beaucoup notre pauvre Jacquot, et pourtant vous n'avez pas l'air surpris ni peiné de sa mort. On dirait que vous la saviez déjà.

MONSIEUR DELMIS, *avec embarras*.

Moi? par exemple! Comment l'aurais-je sue? Qui est-ce qui me l'aurait dit?

MADAME DELMIS.

Tout ceci est bizarre.... Jacquot, qui était si fin, n'aurait pas été se prendre dans une souricière!... Et puis.... la mine effarée de cet imbécile de Gribouille.... son embarras!... et le vôtre! car vous avez l'air d'un écolier pris en faute!.... Je crois que j'y suis.... Est-ce que.... Gribouille.

— Monsieur, monsieur, protégez-moi! Vous avez promis de me protéger contre Madame, s'écria Gribouille en lâchant une pile d'assiettes qui se brisèrent en mille pièces, et joignant les mains d'un air de détresse. Monsieur, vous êtes mon ami, mon seul ami.

MONSIEUR DELMIS.

Va te promener et laisse-moi tranquille ! Moi aussi je m'ennuie à la fin de toutes tes bêtises, de tes maladresses. Tire-toi d'affaire comme tu pourras. Je ne me mêle plus de réparer tes sottises. »

Et M. Delmis jeta sa serviette, sortit de table et quitta la salle en fermant la porte avec humeur.

GRIBOUILLE, *stupéfait.*

Eh bien ! voilà un ami qui est aimable !... Et moi qui comptais sur lui ! Il me laisse tout seul à présent !... C'est lui qui a passé la tête de Jacquot dans le fil de fer ; et puis, il me plante là !... Ah bien !... c'est honnête, ça !

MADAME DELMIS.

Qu'est-ce que tu dis, que mon mari a étranglé Jacquot ?

GRIBOUILLE.

Moi, je n'ai pas dit ça ; je ne suis pas un menteur, un calomniateur comme Jacquot !

MADAME DELMIS.

Mais qu'est-il arrivé ? Voyons, dis, raconte !... Parle donc, imbécile !

GRIBOUILLE, *avec dignité.*

Je ne dirai rien.... Je ne dis rien quand on m'injurie.... Monsieur sait tout. Il est mon maître !... Il était mon ami.... Je lui ai tout dit.

Mme Delmis et les enfants eurent beau le questionner, le supplier, le menacer, ils ne purent lui arracher une parole. Sa seule phrase fut celle-ci, en ramassant les morceaux des assiettes cassées :

« Il faut jeter ces débris, pour qu'on ne dise pas encore que c'est moi qui les ai cassées. »

Gribouille quitta la salle à manger avec calme ; il descendit à la cuisine, où il trouva Caroline, qui travaillait avec ardeur à la robe de Mme Delmis ; il se plaça devant sa sœur, debout, les bras croisés.

« Caroline ! » dit-il. Caroline leva la tête et parut surprise de l'air solennel de Gribouille. « Caroline, reprit-il, je n'ai plus d'ami.

CAROLINE.

Plus d'ami ? quel ami avais-tu ?

GRIBOUILLE.

Monsieur.... il était mon ami ; il ne l'est plus.

CAROLINE.

Pourquoi ne l'est-il plus ? Comment le sais-tu ?

GRIBOUILLE.

Je le sais, parce qu'il m'a abandonné ! Il ne l'est plus, parce qu'il a peur de sa femme, et qu'il n'a pas osé se mettre en contradiction avec elle. C'est un faux ami que celui qui abandonne son ami dans le danger.... Je n'ai plus d'ami....

CAROLINE.

Explique-moi, Gribouille, pourquoi Monsieur t'a abandonné, et à propos de quoi il t'a abandonné Je ne sais seulement de quelle chose tu veux parler. »

Gribouille raconta longuement et fidèlement à sa sœur ce qui était arrivé; il ne lui cacha rien, pas même la dernière pile d'assiettes cassées. Caroline fut consternée. Elle comprit que Mme Delmis ne passerait pas par-dessus cette dernière faute de Gribouille, et que sous peu de jours elle se trouverait sans place et obligée de reprendre son état de couturière. Elle comprit que la patience de M. Delmis était épuisée et qu'il retirait au pauvre Gribouille la protection qu'il lui avait si généreusement accordée jusqu'ici. Elle ne répondit pas aux réflexions de Gribouille sur la scélératesse de Jacquot, la faiblesse de M. Delmis, la sévérité de Madame; elle attendit patiemment son sort, se remettant de tout entre les mains de Dieu, et ne perdant pas courage devant une si puissante protection.

« Caroline! cria une voix aigre.

— C'est Madame! dit Gribouille. Que va-t-elle te dire? Ne te laisse pas renvoyer! Si elle le veut, refuse ferme et net, entends-tu?

— Je ferai pour le mieux, avec l'aide du bon Dieu, répondit Caroline avec calme. Attends-moi ici, mon frère; ne monte pas sans moi.

— Sois tranquille, je ne bougerai pas d'ici. Plus souvent que je monte, pour me faire gronder par Madame, houspiller par les enfants, et abandonner par Monsieur. Je t'attends, va. »

Caroline se rendit à l'appel de sa maîtresse.

« Caroline, dit cette dernière d'un ton sec, il faut choisir entre Gribouille et moi. Mon mari vient de me raconter la dernière sotte méchanceté de votre frère, il m'est impossible de le supporter plus longtemps. Si vous voulez rester chez moi, je le placerai dans une maison d'aliénés ou dans un dépôt de mendicité; vous en serez débarrassée pour la vie. J'augmenterai vos gages, je vous donnerai....

— Madame me donnerait toute sa fortune, répondit Caroline avec une émotion contenue, que je n'abandonnerais pas mon pauvre frère et que je ne violerais pas la parole que j'ai donnée à ma mère mourante. En entrant chez Madame, je l'ai prévenue que je ne pouvais y entrer et y rester qu'avec mon frère; Madame a bien voulu supporter ses naïvetés....

MADAME DELMIS.

Vous appelez naïvetés ses insolences sans cesse renouvelées. Combien de fois ne m'a-t-il pas répété que j'étais vieille, que mes robes étaient trop jeunes pour une femme de mon âge, et mille autres sottises que j'ai pardonnées par égard pour vous ! Votre service me plaît et m'est très-agréable ; je désire que vous le continuiez, mais sans votre frère.

CAROLINE.

J'ai eu l'honneur de dire à Madame que c'était

impossible. Quand Madame veut-elle que nous partions?

MADAME DELMIS.

Le plus tôt possible, à cause de votre frère; dès que j'aurai trouvé quelqu'un pour vous remplacer.... S'il me vient une visite, dites que je n'y suis pas. »

XVII

Un nouvel ami.

Caroline salua et quitta la chambre. En rentrant à la cuisine, elle y trouva Gribouille en conversation avec le brigadier de gendarmerie.

« Eh bien! s'écria Gribouille, que t'a dit Mme Delmis?

CAROLINE.

Nous quitterons la maison dès qu'elle aura trouvé quelqu'un pour me remplacer.

LE BRIGADIER.

Comment, mademoiselle Caroline, vous quittez M. le maire! vous qui faisiez tout dans la maison, qui faisiez l'ouvrage de trois personnes, on vous laisse partir! Et pourquoi? pourquoi quittez-vous?

— C'est madame qui me renvoie, dit Caroline d'une voix émue.

— Impossible, mademoiselle Caroline! s'écria le brigadier, impossible! Une personne comme vous! si pieuse, si bonne, si honnête, si active, si adroite!

CAROLINE,

C'est pourtant vrai, monsieur. Je vous remercie bien de la bonne opinion que vous avez de moi. C'est une grande consolation dans l'abandon de trouver une personne qui vous estime et qui vous protégerait au besoin.

LE BRIGADIER.

Oh! quant à ça, oui, mademoiselle; je vous protégerais avec le même zèle et la même affection que si vous étiez ma sœur.

— Et moi? dit Gribouille.

LE BRIGADIER.

Toi aussi, mon bon garçon; toi aussi, mon pauvre innocent.

GRIBOUILLE.

Bon! voilà que nous pouvons vivre tranquilles et ne pas nous tourmenter, puisque le brigadier s'établit notre protecteur.

CAROLINE.

Tais-toi, Gribouille, tu abuses des bonnes paroles de monsieur.

GRIBOUILLE.

Comment peux-tu dire que j'abuse? Le brigadier est-il un menteur?

CAROLINE.

Tais-toi donc, Gribouille; tu parles toujours trop.

GRIBOUILLE,

Non, Caroline, je ne dis rien de trop, et je veux

te prouver que le brigadier est un honnête homme, incapable de mentir; et puisqu'il dit qu'il nous protégera, je dis, moi, qu'il nous protégera.

CAROLINE.

Je ne dis pas non; mais j'ai eu peur que tu n'en demandes trop.

GRIBOUILLE.

Trop! Est-ce qu'on demande jamais trop à un frère? Tu n'as donc pas entendu ce que le brigadier a dit tout à l'heure, qu'il te protégerait comme si tu étais sa sœur. Moi qui suis ton frère, demande-moi tout ce que tu voudras, et tu verras si je le ferai et comment je le ferai. »

Caroline n'osa pas répliquer, de peur que Gribouille ne demandât au brigadier quelque chose d'exorbitant, comme de leur trouver une position, ou de les faire garder chez M. Delmis, ce qu'elle ne voulait pas. Le brigadier qui avait écouté en souriant le raisonnement de Gribouille, s'aperçut de l'embarras de Caroline et lui dit gaiement:

« Votre frère a raison, mademoiselle Caroline; je suis prêt à vous aider de tout mon pouvoir; dites-moi seulement en quoi je pourrais vous être utile.

CAROLINE.

En quittant Mme Delmis, je compte me remettre chez moi avec mon frère et reprendre mon travail de couturière. Je vous remercie bien de votre bonté, monsieur le brigadier; si j'ai, dans l'avenir, besoin d'un conseil ou d'un appui, je me souviendrai de votre obligeance. Pour le moment, je ne crois pas avoir besoin de vous importuner.

LE BRIGADIER.

Vous êtes trop discrète, mademoiselle. Gribouille, je compte sur toi pour m'appeler si jamais toi ou ta sœur vous avez besoin d'un ami; car je suis ton ami, Gribouille, ne l'oublie pas.

GRIBOUILLE, *hochant la tête.*

Mon ami.... mon ami.... J'y ai été trompé une fois déjà.... Je ne me fie pas trop aux amis qui arrivent.... là.... sans qu'on sache comment ni pourquoi.... M. Delmis me dit un jour : « Je suis ton « ami, Gribouille.... » Ah bien oui! un ami!... Ça lui a passé comme ça lui était venu.... pour un rien.... pour un méchant perroquet.

— Essaye toujours; tu verras, dit le brigadier en riant. Au revoir, mademoiselle Caroline! au revoir, Gribouille! »

Le brigadier lui tendit la main en signe d'amitié.

« C'est donc pour tout de bon? dit Gribouille en prenant la main du brigadier et en la serrant entre les siennes.

LE BRIGADIER.

Tout de bon! A la vie et à la mort!

GRIBOUILLE.

Pourquoi à la mort? Je n'aime pas cela, moi. A la vie, c'est bien; mais à la mort! Pour quoi faire?

Quand je serai mort, vous ne serez plus mon ami ; est ce que j'aurai besoin d'un ami, quand je serai mort? Je serai avec le bon Dieu, avec les anges et avec maman.... Et puis aussi.... ce méchant Jacquot.... J'ai peur qu'il ne me joue quelque tour.... il est si méchant, si menteur !

LE BRIGADIER, *riant*.

Sois tranquille, mon pauvre Gribouille ; le bon Dieu saura bien distinguer s'il dit vrai ou faux ; il le chassera, et Jacquot ne te tourmentera plus. Allons, cette fois, adieu pour tout de bon. Je monte chez M. le maire. »

Le brigadier salua et sortit.

GRIBOUILLE.

Ce brigadier est un brave homme tout de même. Crois-tu qu'il nous soit un vrai ami?

CAROLINE, *hésitant*.

Je crois que oui.

GRIBOUILLE.

Comme tu dis ça ! Comme si tu n'y croyais pas.

CAROLINE.

Comment puis-je savoir ce qu'il est et ce qu'il sera? Je le connais si peu !

GRIBOUILLE.

Mais lui te connaît bien, car il parlait souvent de toi avec Monsieur, qui lui disait toujours : « Oui j'aime beaucoup Caroline ; jamais je n'en retrouverai une comme elle ! » Et ci et ça ; enfin toujours de bonnes petites choses qui m'étaient agréables à entendre ; aussi, quand ils parlaient de toi j'écoutais, je ne travaillais plus. Monsieur le voyait, mais il ne grondait pas ; il riait, et le brigadier aussi.... et moi aussi. J'étais content, j'aurais ri pendant deux heures !

XVIII

Combat de Gribouille.

Pan, pan! On frappe à la porte; Caroline va ouvrir, Mme Grébu entre.

MADAME GRÉBU.

Mme Delmis est-elle chez elle?

CAROLINE.

Non, madame.

GRIBOUILLE.

Comment, non? puisque madame est dans sa chambre.

CAROLINE, *bas à Gribouille.*

Tais-toi; elle m'a dit de ne laisser entrer personne.

GRIBOUILLE.

Ah! je ne savais pas. Pardon, madame; c'est que je ne savais pas que Mme Delmis avait défendu de laisser entrer. — C'est drôle, tout de même! Elle ne veut donc voir personne?

MADAME GRÉBU.

Mme Delmis ne veut pas recevoir de visites; mais moi qui suis une amie, je peux toujours entrer.

GRIBOUILLE.

Oh! Madame n'est pas une amie!

MADAME GRÉBU.

Comment! je ne suis pas une amie? Moi qui viens sans cesse et qui la reçois toujours!

GRIBOUILLE.

Ce n'est pas ça qui fait une amie, bien sûr. Si j'avais un ami qui parlât de moi comme vous parlez de Madame, il ne serait certainement pas mon ami.

MADAME GRÉBU.

Qu'il est sot, ce Gribouille! toujours quelque impertinence dans la bouche. Je ne comprends pas comment Mme Delmis le supporte!

GRIBOUILLE.

Elle ne le supportera pas longtemps, allez, ni vous non plus, car Madame a renvoyé Caroline ce matin, et bien sûr que je ne resterai pas sans elle.

MADAME GRÉBU.

Renvoyé Caroline! Serait-ce possible? Et pourquoi donc? Elle vous aimait tant!

GRIBOUILLE.

Madame ne m'a jamais aimé, moi qui vous parle; elle se méfiait de ce que je voyais trop bien; je lui disais des petites choses.... qui la fâchaient. Et puis elle disait toujours que je cassais tout. Si j'avais seulement le malheur de casser une assiette, une tasse, une carafe, car enfin tout le monde casse! toute la maison criait : « C'est Gribouille! il casse tout! est il maladroit? » Et alors Madame pense que Caroline n'était pas contente! Elle disait toujours : « Je m'en irai avec mon frère! » Bonne Caroline, c'est qu'elle l'a fait comme elle l'avait dit. Pour un méchant perroquet qui est mort par malice, Madame s'est fâchée, Monsieur s'est fâché ; il n'a plus voulu être mon ami ; Madame a voulu me renvoyer ; Caroline a voulu partir, et voilà comment et pourquoi nous partons. Et je suis bien sûr que Madame a du chagrin, que c'est pour ça qu'elle ne veut voir personne. C'est que je faisais très-bien mon ouvrage !... Et Caroline donc !

MADAME GRÉBU.

Je n'en reviens pas ; c'est étonnant ! Mais vous êtes donc à placer ?

GRIBOUILLE.

Oui, Madame, mais il faut que la place soit bonne, que Caroline soit contente, que je sois bien traité.

MADAME GRÉBU.

Caroline, je vous offre ma maison ; je cherche une personne pour remplacer la bonne que j'avais prise et que je renvoie ; elle est paresseuse, impertinente ; je serais enchantée de vous avoir. Je n'y mets qu'une condition ; c'est que vous vous séparerez de Gribouille.

CAROLINE.

C'est impossible, madame ; je resterai chez moi avec mon frère, si je ne puis me placer avec lui, comme je le crains ; je reprendrai alors mon métier de couturière.

MADAME GRÉBU, *avec humeur*.

Ainsi, mademoiselle, vous refusez d'entrer à mon service ?

CAROLINE.

J'y suis forcée, madame, ne pouvant quitter mon frère.

MADAME GRÉBU, *de même*.

C'est bien, mademoiselle. Je vous souhaite le bonsoir, mademoiselle. J'ai à causer avec Mme Delmis ; ainsi je monte malgré vous, mademoiselle.

— Vous ne monterez pas, s'écria Gribouille, en se jetant devant Mme Grébu, qui mettait le pied sur la première marche de l'escalier. Je ne veux pas que vous fassiez gronder ma sœur.

Mme Grébu repoussa Gribouille et voulut monter ; Gribouille s'élança sur elle, la saisit à bras-le-corps et la tira en arrière malgré sa résistance. Dans la lutte, Mme Grébu s'embarrassa dans sa robe et tomba, entraînant Gribouille dans sa chute.

Mme Grébu criait : Gribouille voulut la faire taire en lui serrant le cou comme il l'avait fait au perroquet, mais le cou de Mme Grébu avait de trop vastes proportions pour les mains de Gribouille ; Caroline, s'approchant, suppliait son frère de lâcher Mme Grébu.

« Non, non, criait Gribouille ; elle te ferait gron-

Mme Grébu tomba, entraînant Gribouille dans sa chute.
(Page 246.)

der; au secours! brigadier, au secours! » continua-t-il, sentant Mme Grébu lui échapper.

Le brigadier, qui sortait de chez le maire, apparut au haut de l'escalier. Voyant Gribouille retenir une femme par ses vêtements, celle-ci cherchait à lui échapper, Caroline éperdue, enlaçant son frère dans ses bras pour favoriser la fuite de Mme Grébu,

il crut qu'il fallait prêter main forte à Gribouille, et sautant d'un bond au bas de l'escalier, il saisit Mme Grébu, sous prétexte de la relever, et la reconnut immédiatement.

« C'est vous, madame? comment se fait-il?

MADAME GRÉBU, *avec fureur*.

Je vais me plaindre au maire de ce mauvais garçon. Je te ferai mettre en prison, mauvais drôle! Je t'enverrai aux galères.

GRIBOUILLE, *avec résolution*.

Dites un mot et je raconte à Monsieur et à Madame ce que vous avez dit lorsque Caroline vous a reporté votre ouvrage. Je n'en ai pas oublié un mot,

250 LA SŒUR DE GRIBOUILLE.

et Monsieur me croira; et Caroline sera là pour m'appuyer.

— Misérable! s'écria Mme Grébu, suffoquant de colère.

GRIBOUILLE, *enchanté.*

Misérable, tant que vous voudrez! mais je vous tiens tout de même; hé la vieille!

MADAME GRÉBU.

Laissez-moi sortir; j'ai besoin.... de prendre l'air.... j'étouffe.... Brigadier.... donnez-moi le bras.... reconduisez-moi à la maison. »

Mme Grébu sortit au bras du brigadier souriant;

il comprenait à peu près la scène qui venait de se passer, et fit en passant un geste d'adieu amical à Caroline et à Gribouille.

Aussitôt que Mme Grébu fut partie, Gribouille se mit à sauter et gambader dans la cuisine.

« Bien fait ! bien fait ! chantait-il. Je la tiens, la vieille !... Et les autres vieilles aussi !... Trop parler cuit, dit le proverbe.... Elle en a trop dit, la vieille. »

Gribouille mit le nez à la porte ; il redoubla ses rires.

« Ha ! ha ! Le brigadier en a assez !... Tiens, la voilà qui tombe dans ses bras ! Ha ! ha ! ha ! elle le fait exprès.... C'est la colère qui l'étouffe !... Tiens ! le brigadier l'emporte ! Ouf ! quelle charge !... Pauvre brigadier !... Voilà qu'il la pose à terre !... Il

s'essuie le front ! Caroline ! viens donc voir ; la vieille Grébu assise à terre ; et le pauvre brigadier

qui a un air piteux.... Ha! ha! Elle se relève!...
elle part en courant!... Le brigadier rit.... A-t-elle
l'air furieux!... Viens donc voir, Caroline, viens
donc.

Gribouille se retourna, ne voyant pas venir sa
sœur; il était seul. Pendant que Gribouille se livrait
à sa joie bruyante, M. Delmis, qui avait aussi entendu l'appel de Gribouille, et qui ne voyait pas
revenir le brigadier, apparut à la porte de la cuisine. Caroline joignit les mains d'un air suppliant
en lui faisant signe de ne pas entrer; elle craignait
que Gribouille, dans l'exaltation de sa joie, ne dît
quelques paroles blessantes pour Mme Delmis ou
pour ses amies; elle s'empressa d'aller au-devant
de M. Delmis, qui l'emmena dans son cabinet.

MONSIEUR DELMIS, *avec inquiétude.*

M'expliquerez-vous, Caroline, ce que cela signifie?
ce qui se passe? Pourquoi ce tapage à la cuisine,

ces cris de Gribouille, la disparition du brigadier ? Pourquoi cette pâleur, ce tremblement ?

CAROLINE, *d'une voix tremblante.*

Mme Grébu a voulu entrer de force chez Madame, qui avait défendu sa porte. Gribouille a voulu l'arrêter ; elle s'est débattue, Gribouille a crié. Monsieur sait que Gribouille n'a pas.... n'est pas....

MONSIEUR DELMIS, *avec bonté.*

Je sais, je sais, mon enfant ; et puis ?

CAROLINE.

Et puis, Mme Grébu était.... un peu.... excitée ; alors le brigadier lui a donné le bras pour l'accompagner jusque chez elle.... puis Monsieur est entré.

MONSIEUR DELMIS, *souriant.*

C'est-à-dire qu'elle est entrée dans une colère effroyable, qu'elle s'est battue avec Gribouille, que le brigadier l'a emmenée. Mais comment a-t-elle cédé à Gribouille ? Comment n'est-elle pas montée chez moi pour porter plainte ?

CAROLINE.

C'est que.... c'est que.... Je ne saurais dire à Monsieur.... Je n'oserais pas.

MONSIEUR DELMIS.

Osez, osez, mon enfant ; n'ayez aucune crainte ; ce que vous me direz ne sortira pas d'ici.

Caroline, rassurée par l'air de bonté de M. Delmis, lui raconta ce qui s'était passé entre elle et

Mme Grébu, et comment Gribouille avait eu l'habileté de la menacer d'une révélation pour obtenir son silence. M. Delmis rit de bon cœur et promit encore à Caroline de n'en parler ni à sa femme ni à personne.

« Et où en êtes-vous avec ma femme, ma pauvre enfant? Avez-vous reçu des reproches pour votre frère?

CAROLINE, *d'une voix très-émue.*

Madame nous a renvoyés, monsieur; elle ne peut plus supporter mon frère.

— Renvoyés! s'écria M. Delmis en sautant de dessus son fauteuil! Renvoyés! Mais c'est impossible! c'est intolérable! Je ne veux pas que vous me quittiez, Caroline, je vais parler à ma femme!

— Pardon, monsieur, dit Caroline en arrêtant M. Delmis. Je vous remercie bien sincèrement, oui, du fond de mon cœur, de votre bonté pour nous; mais je prie Monsieur de considérer que je ne puis rester dans la maison malgré Madame; ce ne serait pas bien, ce serait manquer à Monsieur aussi bien qu'à Madame. Monsieur comprendra que Madame est à bout de patience pour Gribouille; vous-même, monsieur, vous avez perdu patience aujourd'hui; et pourtant il n'est pas possible d'être plus endurant, plus facile, meilleur que n'est Monsieur. Des scènes comme celle de tout à l'heure ne sont pas tolérables dans une maison tranquille et honnête, et pourtant je ne puis répondre qu'elles ne recommencent, et pis encore.

MONSIEUR DELMIS.

Mais que deviendrez-vous, ma pauvre enfant! Comment à vous seule gagnerez-vous du pain pour deux?

CAROLINE.

Que Monsieur ne s'inquiète pas de moi. J'ai confiance en Dieu; il ne m'a jamais abandonnée, il me protégera encore.

MONSIEUR DELMIS, *avec tristesse.*

Il faut donc vous laisser partir, Caroline? Cette séparation me chagrine beaucoup. Je vous regretterai toujours, et même ce pauvre Gribouille, si plein de cœur et de dévouement malgré son imbécillité.... Si j'avais été seul, je ne me serais jamais séparé de vous; mais.... je ne suis pas seul, ajouta-t-il avec un soupir, et ce n'est pas moi qui m'occupe des détails du ménage. Soyez sûre que je ne vous perdrai pas de vue, mon enfant, que je vous conserverai toujours une grande affection, et que vous aurez toujours en moi un ami sincère. »

Caroline, trop émue pour répondre, se borna à baiser la main que lui tendait son maître; elle y laissa tomber une larme et sortit précipitamment.

En rentrant à la cuisine, elle s'assit, appuya sa tête dans ses deux mains et réfléchit sur son avenir. Elle comprit que sa position serait moins bonne qu'avant son entrée chez Mme Delmis ; ni Mme Delmis, ni Mme Grébu, qui étaient ses meilleures pratiques, ne la feraient travailler ; peut-être même lui nuiraient-elles près de leurs amies qui toutes jadis lui donnaient de l'ouvrage. Et si la commande lui manquait, que ferait-elle pour faire vivre son pauvre frère, incapable de se placer sans elle.

« Le bon Dieu viendra à mon secours, dit-elle ; M. le curé me donnera un bon conseil, peut-être me fera-t-il trouver de l'ouvrage. Il m'a toujours dit de ne pas perdre confiance ; ma pauvre mère s'est toujours remontée en priant ; je ferai comme elle, et comme elle j'aurai le calme et la paix du cœur. En attendant, voyons ce que j'ai d'argent et combien de temps il durera. »

Caroline ouvrit une boîte qui était sur une planche, versa l'argent qu'elle contenait et compta cent soixante-cinq francs : cent francs pour quatre mois de gages, et soixante-cinq qu'elle avait en entrant chez Mme Delmis.

« En dépensant trente francs par mois pour notre nourriture et dix francs de savon, chandelle, épicerie, chaussures, etc., nous pourrons vivre pendant quatre mois avec nos cent soixante-cinq francs. Pendant ces quatre mois, j'en gagnerai bien autant, ce qui me fera encore quatre mois d'avance. C'est bien ! »

Caroline serra son argent en remerciant le bon

Dieu de lui avoir envoyé ce secours, sur lequel elle n'avait pas compté jadis. Gribouille rentra peu de temps après.

« Je viens de chez M. le curé, dit-il en entrant. Je lui ai raconté ce qui s'est passé. Il a soupiré, puis il a souri avec un air si bon, si bon et si triste, qu'il m'a donné envie de pleurer. Il m'a dit qu'il fallait chercher de l'ouvrage; j'ai été en demander à

Mme Piron, qui m'a agonisé de sottises ; et puis à Mme Ledoux, qui m'a jeté un balai dans les jambes. Où aller maintenant ? Je ne sais plus.

CAROLINE.

Mon bon Gribouille, attendons que nous ayons quitté nos maîtres. Nous retournerons chez nous,

Elle m'a jeté un balai dans les jambes. (Page 257.)

et quand nous aurons tout nettoyé et arrangé, nous irons ensemble chercher de l'occupation, mais pas chez ces dames, qui ne nous en donneraient pas. Maintenant, viens m'aider, et finissons ce que nous avons à faire. »

A peine avaient-ils fini leur travail, que Georges et Émilie entrèrent en courant.

« Caroline! Gribouille! s'écrièrent-ils, est-il vrai que vous vous en allez?

CAROLINE.

Oui, monsieur et mademoiselle; c'est malheureusement vrai.

ÉMILIE.

Et pourquoi partez-vous ? Il faut rester, rester toujours avec nous. Georges et moi nous serions désolés de ne plus vous avoir.

GEORGES.

Oh ! oui, ma bonne Caroline, mon bon Gribouille, restez. Je vais dire à papa de vous forcer à rester ; il aura bien du chagrin ; il disait hier au brigadier : « Si Caroline me quittait, la maison me semblerait « toute triste ; tout irait mal. » Et le brigadier a répondu : « Ce sera comme ça partout où sera Mlle Ca- « roline, monsieur le maire. On n'en rencontre pas « souvent comme elle ; il semble que le cœur rit, « rien qu'à la regarder. » Et papa s'est mis à rire et a dit : « Jamais je ne laisserai partir cette bonne Caro- « line, à moins que ce ne soit pour son bonheur. »

ÉMILIE.

Et comme ce n'est pas pour votre bonheur, mais parce que maman vous force à vous en aller, vous ne partirez pas, Caroline. Gribouille, dis donc à Caroline de rester avec nous.

GRIBOUILLE.

Quant à cela, mademoiselle, elle ne m'écouterait pas, et je ne le lui demanderai pas.

ÉMILIE.

Pourquoi donc ?

GRIBOUILLE, *avec dignité*.

Elle ne m'écouterait pas, mademoiselle, parce

qu'elle a plus d'esprit et de bon sens que vous et moi, et qu'elle sait mieux que moi ce qu'il est bon de faire ou de ne pas faire. Je ne le lui demanderai pas, parce que cela est contraire à mes goûts, à mes idées et à mes principes ; car j'en ai, des principes, mademoiselle.... et des idées aussi : je continue.... à mes

principes.... oui, mademoiselle, à mes principes.... Il n'y a pas de quoi rire.... je dis : à mes principes.

ÉMILIE.

Je ne ris pas, Gribouille ; je t'assure que je ne ris

pas.... ni mon frère non plus, ajouta-t-elle en se détournant comme pour regarder son frère, mais en réalité pour étouffer son envie de rire.

GRIBOUILLE, *avec solennité.*

Est-ce bien sûr ? Hem ! Hem !... Je dis donc qu'il est contraire à mes principes de rester dans une maison où on ne veut plus de moi ; près d'un maître qui n'est plus mon ami ; au service d'une femme qui n'a plus rien de bon ni d'agréable ; aux ordres d'enfants qui prennent parti contre moi pour un méchant perroquet menteur, voleur, gourmand, mauvaise langue. Voilà, mademoiselle, quels sont mes principes.

ÉMILIE, *avec ironie.*

Je te remercie, Gribouille.

GRIBOUILLE.

Il n'y a pas de quoi, mademoiselle.

CAROLINE.

Que mademoiselle veuille bien excuser mon pauvre frère ; il n'a certainement pas l'intention d'être désagréable....

GEORGES.

Mais il l'est sans le vouloir. J'espère que vous ne pensez pas comme lui, Caroline, et que vous demanderez à papa de vous garder. Il ne demandera pas mieux, je vous en réponds. »

XIX

Les bonnes langues.

Caroline ne répondit pas ; les enfants sortirent pour demander à leur père ce que Caroline ne demandait pas elle-même. M. Delmis leur fit comprendre que Caroline ne voulant pas se séparer de Gribouille, il devenait impossible d'imposer à leur mère un garçon aussi borné, aussi maladroit, et assez mal-appris pour lutter de vive force contre les personnes qui venaient la voir. Cependant Mme Grébu ne perdait pas son temps ; elle allait chez toutes les personnes qui avaient fait travailler Caroline, pour leur raconter les prétendues insolences dont elle était victime.

« Mme Delmis ne peut plus y tenir ; malgré sa coquetterie, son désir de faire la jeune, de paraître élégante, de nous éclipser toutes par ses coiffures (très-ridicules, entre nous), elle est obligée de mettre à la porte le frère et la sœur ; tantôt ils m'ont empêchée d'entrer chez Mme Delmis, ils m'ont jetée à terre, battue, à moitié étranglée; sans le secours du brigadier de gendarmerie, qui les a repoussés et qui m'a délivrée, ils m'auraient tuée; le brigadier a été obligé de me reconduire jusque chez moi, tant il craignait que je ne fusse poursuivie par eux.

MADAME PIRET.

Jamais je n'aurais cru Caroline....

MADAME GRÉBU.

Ma chère, vous ne savez pas ce qu'elle est; ce sont des gens dangereux; M. le maire s'en est bien aperçu; c'est pourquoi il ne les garde pas. Croyez-moi, ma chère, ne donnons pas d'ouvrage à la fille, pour la forcer à quitter le pays avec son gredin de frère.

MADAME PIRET.

Le pauvre garçon est à moitié idiot; je le croyais bon et doux.

MADAME GRÉBU.

Bon? doux?... Méchant, ma chère, méchant comme il n'est pas possible! Il arrivera malheur! vous verrez ça! il tuera quelqu'un en reportant l'ouvrage de sa sœur.

MADAME PIRET, *avec frayeur*.

Ah! mon Dieu! Comment! vous croyez! Il serait capable!...

MADAME GRÉBU.

Capable de tout, ma chère! de tout! Entendez-vous? de tout! »

C'est ainsi que Mme Grébu, allant de porte en porte, réussit à enlever à la pauvre Caroline ses anciennes pratiques, lui ôtant ainsi tout moyen de gagner sa vie. Mme Delmis sortit de son côté pour chercher une remplaçante à Caroline ; ce fut dans sa tournée *d'amies* qu'elle apprit la scène qui venait de se passser chez elle entre Mme Grébu et Gribouille. L'irritation qu'elle en conçut activa ses recherches ; elle finit pas rencontrer à peu près ce qu'il lui fallait ; mais cette femme ne savait pas faire les robes et n'avait pas le talent, l'adresse et la bonne volonté de Caroline. Elle l'arrêta immédiatement, pour commencer son service dès le lendemain. Mme Grébu, qui s'était rencontrée avec Mme Delmis dans une maison *amie*, et qui l'avait aidée dans ses recherches, triomphait de ce qu'elle croyait être une humiliation pour ses deux ennemis.

Quand Mme Delmis rentra, elle annonça à Caroline et à Gribouille, d'un ton fort courroucé, qu'elle venait d'apprendre la scène scandaleuse qu'ils s'étaient permis de faire à cette bonne Mme Grébu ; qu'elle venait de chercher et de trouver une servante qui entrait chez elle le lendemain, et qu'ils pouvaient faire leurs paquets.

Caroline ne répondit pas : elle accepta en silence l'accusation injuste d'avoir insulté et même battu Mme Grébu ; mais Gribouille, voyant ce silence et devinant le motif généreux qui empêchait Caroline de se défendre, s'élança devant Mme Delmis, qui recula avec effroi ; il lui dit d'une voix ferme :

« Arrêtez, madame ! Écoutez la justification de ma sœur ; elle se tait pour ne pas m'accuser ; elle est plus généreuse que vous, qui accusez sans savoir.

— Insolent ! s'écria Mme Delmis.

— Laissez-moi dire, continua Gribouille en élevant la voix et en repoussant sa sœur, qui cherchait vainement à le faire taire, et ne m'impatientez pas, car je commence à m'irriter de vos injustices. C'est moi qui ai arrêté Mme Grébu pour l'empêcher de vous déranger, puisque vous aviez défendu de laisser entrer. C'est moi qui l'ai jetée à terre.... C'est moi qui l'ai roulée et un peu serrée. Caroline ne l'a pas touchée ; le brigadier ne l'a pas délivrée, il s'est moqué d'elle ; il l'a emmenée à contre-cœur, parce qu'elle faisait des simagrées et qu'elle prétendait ne pas pouvoir marcher. Vous dites qu'elle est votre amie ! Je vous dis qu'elle est votre ennemie, qu'elle dit du mal de vous, qu'elle se moque de vos toilettes, qu'elle a voulu vous enlever Caroline, en la payant plus cher et en la payant mieux. Mme Piron et Mme Ledoux en disent autant. Vous voilà prévenue ; Caroline est justifiée. Nous sommes contents de vous quitter, et tout de suite encore ; nous ne regretterons que Monsieur, qui est bon, lui, et qui n'est pas comme vous ; ce n'est pas lui qui s'occupe de sa toilette, ni de ses dents, ni de ses cheveux!

—Impertinent! misérable! » s'écria Mme Delmis, ne pouvant plus maîtriser sa colère.

Et, se jetant en avant, elle écarta Gribouille d'un coup de poing et monta l'escalier.

CAROLINE.

Qu'as-tu fait, Gribouille? Tu l'as exaspérée.

GRIBOUILLE.

Et qu'importe? Je lui ai dit le vrai; il est bon qu'elle sache ce qu'elle est et ce que sont ses amies.

CAROLINE.

Mais elle va nous faire tout le mal possible! elle va m'empêcher de gagner de quoi vivre.

GRIBOUILLE.

Tu crois? Elle serait assez méchante pour cela!

CAROLINE.

Hélas! je le crains.

Caroline tomba sur une chaise, et cachant sa figure dans ses mains, elle pria; elle invoqua le secours de Dieu, de la sainte Vierge et des saints; elle demanda à Dieu de lui donner de la force et de lui épargner la douleur cruelle de voir son frère en proie aux privations et aux souffrances.

XX

Les adieux.

Gribouille regardait sa sœur; il devina qu'elle souffrait; il comprit imparfaitement qu'il était la cause principale de son chagrin et de ses embarras.

Ses yeux se mouillèrent de larmes; il chercha le moyen de réparer le mal qu'il avait fait. « Je l'ai trouvé, » pensa-t-il. Et, s'esquivant sans bruit, il se dirigea vers la chambre de M. Delmis.

« Que veux-tu, Gribouille? dit M. Delmis en se retournant au bruit de la porte.

— Caroline pleure, dit Gribouille à voix basse. Oui, Caroline pleure, et c'est ma faute, et je viens vous prier, quoique vous ne soyez plus mon ami, de nous venir en aide, de réparer ce que j'ai fait.

— Pourquoi dis-tu que je ne suis plus ton ami? Je le suis et le serai toujours, dit M. Delmis d'une voix douce et amicale.

GRIBOUILLE.

Non; vous avez été faible une fois, je ne compte plus sur vous.

MONSIEUR DELMIS, *vivement.*

Faible !... Gribouille, tu t'oublies ! tu comptes trop sur mon amitié !

GRIBOUILLE.

Non, puisque je n'y compte plus. Vous avez été faible quand vous m'avez abandonné pour l'affaire de Jacquot. Au lieu de me soutenir, vous avez dit : « Tire-toi d'affaire comme tu pourras. » Et comment pouvais-je me tirer d'affaire, puisque c'est vous qui aviez mis la tête de Jacquot dans la souricière ? Que pouvais-je dire, moi ? Si vous ne m'aviez pas conseillé, j'aurais jeté Jacquot au fond du fumier, et personne n'aurait rien su. »

M. Delmis, qui avait repris son calme à mesure que Gribouille parlait, se prit à sourire à ses dernières phrases, et, reprenant son air de bonté, il lui dit :

« Tout cela ne me dit pas pourquoi Caroline pleure, et ce que je puis faire pour la consoler. »

Gribouille raconta ce qui venait de se passer avec Mme Delmis et les craintes de Caroline.

« L'affaire est mauvaise, dit M. Delmis, moitié mécontent au récit des paroles de Gribouille à Mme Delmis, moitié attristé par les craintes trop légitimes de Caroline. L'affaire est mauvaise, répéta-t-il. Je ne vois qu'un moyen, c'est que Caroline cherche de l'ouvrage chez des personnes nouvelles.... Je ne sais pas.... Je verrai ... Ce ne sera pas facile.... Quelle idée aussi d'avoir été parler à ma femme de fausses dents !...

— Non, non, je n'ai pas parlé de fausses dents, j'ai oublié, » s'écria Gribouille.

M. Delmis ne put s'empêcher de sourire.

« Laisse-moi, dit-il, j'y penserai. Quand je verrai le brigadier, j'en causerai avec lui.

— Ce sera très-bien, cela, dit Gribouille. Précisément il disait tantôt à Caroline qu'il la protégerait et l'aimerait comme sa sœur. C'est bon d'avoir pour protecteur un brigadier ; ça vous fait respecter tout de même.

— Certainement, dit M. Delmis en riant. Nous nous occuperons de vos affaires à nous deux, et j'espère que nous nous en tirerons avec honneur. »

Gribouille sortit enchanté ; il courut à sa sœur et lui dit qu'il venait de causer avec M. Delmis, et qu'il la protégerait avec le brigadier.

« Avec le brigadier ! s'écria Caroline. Je ne veux pas de cela, moi ! Je saurai bien me tirer d'affaire sans lui.

GRIBOUILLE.

Tiens ! pourquoi cela ? Le brigadier n'est pas vieux, il est jeune comme toi, et il a de la force et de la raison.

CAROLINE.

Je ne dis pas non, Gribouille ; mais c'est inutile, et je ne le veux pas.

GRIBOUILLE.

Alors, va le dire à Monsieur; car il lui parlera, il l'a dit.

CAROLINE.

Je ne dirai rien à Monsieur, puisque nous nous en allons demain. Et si je ne trouve pas à vivre ici avec toi, nous nous en irons dans le pays de ma mère.

GRIBOUILLE.

Comme tu voudras; je te suivrai partout. »

La journée se termina tristement. Mme Delmis était mal à l'aise devant l'air sérieux, presque mécontent, de son mari; les enfants seuls causaient, mais eux aussi étaient préoccupés du départ de Caroline et de Gribouille. Personne, excepté Mme Delmis, ne savait que la séparation dût avoir lieu dès le lendemain, et les enfants projetaient une promenade dans la campagne en compagnie de Gribouille.

Vers la fin de la soirée, Gribouille entra et sans parler présenta à M. Delmis un paquet de clefs.

MONSIEUR DELMIS.

Pourquoi m'apportes-tu ces clefs? Que veux-tu que j'en fasse?

GRIBOUILLE.

Je vous les apporte, monsieur, parce qu'elles sont à vous; et je veux que vous les gardiez puisqu'elles sont à vous.

MONSIEUR DELMIS.

Mais c'est Caroline qui doit les garder.

GRIBOUILLE.

C'était Caroline, monsieur, mais ce n'est plus elle, puisque nous partons demain dès le matin.

— Demain! s'écria M. Delmis en se levant précipitamment. C'est impossible! On ne s'en va pas comme ça. Caroline n'est pas capable d'un procédé pareil.

GRIBOUILLE.

Monsieur a raison. Caroline n'est pas capable d'un procédé pareil. C'est Madame qui nous fait partir comme si nous étions des voleurs. Ce ne serait toujours pas ses robes qu'on emporterait! Des robes qui lui vont!

Gribouille se mit à rire; M. Delmis, malgré sa contrariété, réprima à moitié un sourire; les enfants restaient consternés; Mme Delmis était fort embarrassée.

MADAME DELMIS.

Mon ami.... j'ai cru devoir chercher tout de suite quelqu'un.... Gribouille est si grossier.... On ne peut pas exposer les personnes qui viennent chez nous.... aux.... aux malhonnêtetés.... aux coups de cet imbécile.... Vous savez combien Caroline est susceptible.... Elle n'a pas voulu.... elle a voulu....

MONSIEUR DELMIS.

Elle n'a pas voulu supporter vos humeurs, et elle a voulu s'y soustraire le plus promptement possible; je la comprends et je l'approuve.... Gribouille, mon ami, va chercher ta sœur. Il faut que je lui parle. Amène-la dans mon cabinet.

Gribouille partit en courant; deux minutes après il amenait Caroline dans le cabinet où l'attendait M. Delmis.

MONSIEUR DELMIS.

C'est demain que vous partez, ma chère enfant; par affection et par intérêt pour vous, je ne cherche pas à vous retenir. Je vous promets encore une fois de veiller sur vous et de vous protéger de tout mon pouvoir; mais je ne vous laisserai pas partir sans vous donner un témoignage de satisfaction et d'amitié. J'ajoute aux gages que vous avez reçus une petite somme qui vous aidera à vivre en attendant que l'ouvrage vous arrive. Adieu, ma chère enfant, adieu, que Dieu vous bénisse et vous protége ainsi que votre pauvre frère; j'irai vous voir chez vous.

— Monsieur ! Oh ! merci; cent fois merci pour votre bonté, » dit Caroline en se couvrant la figure de son mouchoir. Elle se retira précipitamment pour cacher ses larmes. Elle ne songea pas à prendre le petit paquet que lui présentait M. Delmis.

« Tiens, Gribouille dit-il d'une voix émue : prends cela, tu le donneras à ta sœur.

GRIBOUILLE.

Oui, monsieur; je remercie bien Monsieur. Je

prie Monsieur de nous regretter et de faire attention aux gens qui nous remplaceront et qui ne feront jamais si bien que nous ; Monsieur peut bien y compter. J'en suis fâché pour Monsieur, quoiqu'il ne soit plus mon ami ; mais j'en suis bien aise pour Madame, qui n'est pas bonne tout de même. Ces dames avaient raison ; Madame est mauvaise maîtresse. Mais que Monsieur ne s'en tourmente pas, puisqu'il ne peut pas l'empêcher. Adieu, monsieur, je salue bien Monsieur. J'ai du regret de quitter Monsieur, malgré que Monsieur ait donné raison à Jacquot contre moi. »

M. Delmis lui tendit la main :

« Adieu, mon ami, dit-il.

GRIBOUILLE.

Mon ami ?... Eh bien, oui ! Mon ami ! je veux bien ; j'oublie tout ; je pardonne tout. Je redeviens votre ami et je serai votre ami. Adieu. »

XXI

Le vol.

Gribouille sortit après avoir fortement secoué la main de M. Delmis, qui ne put s'empêcher de sourire de cette dernière naïveté de Gribouille. Il redescendit dans la cuisine, où il trouva Caroline qui pleurait à chaudes larmes.

« Ne pleure pas, Caroline, dit Gribouille en entrant; ne pleure pas. Tout est raccommodé! »

Caroline releva la tête.

GRIBOUILLE.

Oui, tout est arrangé; j'ai pardonné à Monsieur, je suis de nouveau son ami; il est redevenu le mien; il viendra me voir et tu verras que nous serons très-heureux. A présent, finissons nos paquets. Veux-tu que j'emporte le plus gros ce soir?

CAROLINE.

Je veux bien : fais comme tu voudras, répondit Caroline d'une voix triste.

GRIBOUILLE.

Caroline, Caroline, pourquoi ce chagrin ? Monsieur est bon, c'est vrai, mais Madame est mauvaise et ennuyeuse. Monsieur viendra nous voir; il l'a dit. Le brigadier viendra; c'est sûr cela. Oh! tu as beau hocher la tête; je dis, moi, qu'il viendra, puisqu'il t'a dit qu'il t'aimerait comme une sœur. Est-ce que je pourrais vivre sans te voir, moi qui suis ton frère? Tu ris à présent! A la bonne heure! Montre-moi ce que je dois emporter.

Caroline, distraite par le babil de son frère, l'aida à arranger en paquet leur linge et leurs vêtements; il chargea le paquet sur son dos et partit bravement malgré l'obscurité. Il ne s'aperçut pas qu'il était suivi par un homme et une femme qui s'étaient effacés dans l'ombre du mur quand il avait franchi la porte et qui se rapprochaient insensiblement de lui, en s'observant pour ne faire aucun bruit. Comme il avançait près de la maison, seul héritage que leur avait laissé leur mère, il se sentit saisir brusquement par derrière, et avant qu'il eût le temps de crier ou de se défendre, il fut jeté le visage contre terre, maintenu fortement par des mains vigoureuses, et débarassé de son paquet. Quand il put crier et se relever, il ne vit plus rien que deux ombres qui se sauvaient; dans l'une d'elles il crut reconnaître une femme, de la taille et de la tournure de Rose.

Effrayé, tremblant, il retourna chez M. Delmis ; Caroline fut frappée de sa pâleur ; ses dents cla-

quaient ; il ne put répondre à ses questions qu'après qu'elle lui eut faire boire un verre d'eau. Il pût alors raconter le vol dont il avait été victime. Caroline fut aussi désolée de l'agitation de son frère que de la perte irréparable que leur causait ce vol ; le paquet contenait leurs meilleurs vêtements, tout leur linge.

« Il faut tout raconter à nos amis, dit Gribouille; ils trouveront les voleurs, ils sont si habiles!

CAROLINE.

A Monsieur seulement; c'est lui qui est maire et qui donnera des ordres.

GRIBOUILLE.

Eh bien! j'y vais. Viens-tu avec moi?

CAROLINE.

Non, j'ai à finir la robe de Madame; il y en a encore pour une heure de travail.

GRIBOUILLE.

Tu es trop bonne de te donner tant de mal pour cette femme. Je vais donc seul tout raconter à Monsieur. »

Quelques instants après, M. Delmis entendit frapper à sa porte.

« Entrez, dit-il.... Tiens, c'est toi, Gribouille? Par quel hasard?... Que t'est-il arrivé? Tu es plein de poussière.... Comme tu es pâle! Qu'as-tu, mon pauvre garçon?

GRIBOUILLE.

Je n'ai plus rien, monsieur. Ils m'ont tout volé. Je n'ai plus de bel habit, de belle cravates, Caroline n'a plus de belles robes ni de souliers; rien, plus rien. Ils m'ont tout volé.

MONSIEUR DELMIS.

Qui est-ce qui t'a volé?

GRIBOUILLE.

C'est ce que je ne sais pas, monsieur; un homme et une femme.... Je croirais assez que c'est Mlle Rose; ça en avait bien la mine.

MONSIEUR DELMIS.

Comment a-t-on pu te voler dans ma maison?.

GRIBOUILLE.

Ah! voilà, monsieur! C'est que ce n'était pas

dans la maison. Monsieur sait bien que Madame nous avait chassés.... Oui, oui, monsieur, chassés. Quand on fait partir les gens en une journée, cela s'appelle bien chasser.... Donc Monsieur sait que Madame nous avait chassés. Je prie Monsieur de ne pas m'interrompre, sans quoi je ne finirai jamais.

MONSIEUR DELMIS.

Je ne t'interromps pas! Je ne dis rien.

GRIBOUILLE.

Monsieur ne dit rien, mais il fait des figures et des gestes qui parlent. Je sais bien ce que Monsieur veut dire. Gribouille est bête! Gribouille m'ennuie.

MONSIEUR DELMIS.

Mais non, mais non! Dis toujours.

GRIBOUILLE.

Donc, Madame nous avait chassés.... Bon! Monsieur ne bouge pas; je continue. Il fallait emporter nos effets. Caroline pleurait que cela me fendait le cœur; j'ai voulu la distraire, je lui ai proposé de faire un paquet, que j'emporterais tout de suite. Elle le fait; ça la distrait; elle sourit; je pars, il faisait nuit; je marche, j'avance; je sens un poids de mille livres sur mon dos; je tombe; en une minute le poids s'en va et mon paquet avec. J'avais le visage dans la poussière; je me relève, je me secoue, je regarde; du côté de la butte du moulin je vois un homme et une femme qui couraient; je crois reconnaître Mlle Rose. Je veux courir après, mais j'aime mieux rentrer; des voleurs, c'est toujours mauvais; je rentre, je raconte à Caroline ce que je suis en train de raconter à Monsieur; et voilà.

MONSIEUR DELMIS.

Tu as bien fait de venir me parler tout de suite de ce qui est arrivé. C'est grave ! Un vol à deux ... en pleine rue.... Je prends mon chapeau et je t'emmène chez le brigadier; tu lui raconteras comment les choses se sont passées, et je lui donnerai les ordres nécessaires pour faire des recherches.

GRIBOUILLE.

Oui, monsieur, je vous suis. Avec vous, je n'aurai pas peur; seul, je n'aurais pas aimé à me promener dans les rues après ce qui m'est arrivé. »

M. Delmis sortit avec Gribouille, après avoir prévenu Caroline de ne pas s'effrayer d'une longue absence.

GRIBOUILLE.

Pourquoi Monsieur pense-t-il que nous pourrions être longtemps absents ? Est-ce que Monsieur va courir après les voleurs ? Monsieur n'ignore pas que les voleurs ont des armes.

MONSIEUR DELMIS.

Non, rassure-toi, mon garçon; nous ne courrons pas après; mais le procès-verbal sera long à rédiger, et peut-être me faudra-t-il attendre le retour des gendarmes qu'on va envoyer à la recherche des voleurs.

GRIBOUILLE.

Je comprends! Monsieur ne s'exposera pas; il enverra les bons gendarmes pour recevoir les coups.

MONSIEUR DELMIS, *souriant*.

J'espère bien qu'ils n'en recevront pas, mais qu'ils en donneront. D'ailleurs, ce que j'en ai dit, c'est plus pour rassurer Caroline que pour autre chose.

Tout en causant, ils arrivèrent à la porte du brigadier; M. Delmis frappa; le brigadier vint ouvrir et fut très-étonné de voir le maire accompagné de Gribouille.

« J'ai besoin de vous, brigadier, dit M. Delmis en entrant.

LE BRIGADIER.

Et pourquoi monsieur le maire s'est-il donné la peine de venir lui-même? Mon jeune ami que voici, ajouta-il en passant amicalement la main sur la tête de Gribouille, serait venu me chercher; j'aurais évité la course à monsieur le maire.

MONSIEUR DELMIS.

C'est que votre jeune ami n'aurait pas osé sortir seul. Oh! je sais qu'il est courageux d'habitude, mais il a été volé non loin d'ici et il vient vous faire son rapport.

LE BRIGADIER.

Volé? De quoi donc, mon pauvre Gribouille, et par qui?

GRIBOUILLE.

De quoi? De tous mes effets et de ceux de Carolide que j'emportais sur mon dos dans notre maison; c'était pour distraire Caroline, qui pleurait, et puis, comme je l'ai dit à Monsieur, un poids de mille livres m'est tombé sur le dos, m'a fait tomber sur le nez, et puis tout est parti : le poids et le paquet.

LE BRIGADIER.

As-tu vu quelqu'un ?

GRIBOUILLE.

J'ai vu deux personnes qui se sauvaient, un homme et une femme, du côté de la butte au moulin.

— Ah ! ah ! la butte au moulin ! dit le brigadier d'un air pensif en caressant sa moustache.... Eh.... as-tu reconnu la femme ?

GRIBOUILLE.

J'ai cru reconnaître Mlle Rose; mais faut dire que je n'en suis pas sûr; il faisait noir, elle courait vite, j'avais les yeux pleins de poussière et un peu tremblotants.

LE BRIGADIER, *toujours pensif*.

Mlle Rose? Ce serait cela! C'est bien par là.... chez Michel

MONSIEUR DELMIS.

Est ce que.... vous avez quelque idée sur Rose et Michel ?

LE BRIGADIER.

Michel demeure par là, monsieur ; il connaissait Rose depuis longtemps et il devait l'épouser. Monsieur le maire sait que Michel est un mauvais sujet, qui a déjà goûté de la prison pour vol ; Rose va beaucoup chez lui ; elle emporte souvent des paquets de je ne sais quoi, qu'elle va vendre au détail ; nous la surveillons depuis quelques jours, et je ne serais pas étonné, si on faisait une visite à Michel....

MONSIEUR DELMIS.

Qu'elle y fût, n'est-ce pas ?

LE BRIGADIER.

Oui, monsieur le maire ; mais nous ne pouvons pas faire de visites de nuit sans ordre.

MONSIEUR DELMIS.

C'est pour ça que je suis venu, brigadier. Donnez-moi un papier timbré. »

M. Delmis signa immédiatement un ordre de recherche, pour effets volés, chez Michel.

« Tenez, dit-il, envoyez deux de vos hommes ; ils feront l'affaire.

LE BRIGADIER.

Pardon, monsieur le maire, je préfère y aller moi-même ; il suffit que ce soit pour Mlle Caroline et pour mon ami Gribouille, ajouta-t-il en lui tendant la main, pour que je ne confie cette affaire à aucun autre qu'à moi-même. »

Le brigadier ceignit son sabre, passa des pistolets dans son ceinturon, s'enveloppa d'un manteau, appela un de ses gendarmes qui fit comme son chef, et tous deux partirent, se dirigeant sans bruit vers la butte au moulin.

Rose releva l'échelle et la replaça. (Page 268.)

XXII

L'arrestation.

En approchant de la maison où demeurait ce Michel, ancien domestique du comte de Trenilly et qui avait été chassé pour inconduite et paresse, les gendarmes redoublèrent de précaution pour voir et entendre sans être vus ni entendus. Ils firent, à pas de loup, le tour de la maison sans découvrir de lumière ; le brigadier, passant près d'une échelle appliquée à la fenêtre d'un grenier, leva les yeux et aperçut une demi-lueur qui éclairait le grenier. Faisant signe à son camarade, ils prirent l'échelle et la couchèrent par terre. Puis ils se blottirent contre l'encoignure de la maison, qui se trouvait en pleine obscurité. Ils ne tardèrent pas à entendre un bruit léger ; un homme approcha de la lucarne du grenier, chercha à voir, et ne distinguant rien, n'entendant rien, appela avec précaution et à voix basse :

« Rose, Rose, où es-tu ? Pourquoi as-tu enlevé l'échelle ? »

Rose, car c'était elle qu'on appelait, entr'ouvrit la porte de la maison, et répondit également à voix basse :

« Pourquoi appelles-tu ? Qu'est-ce que tu veux ?

MICHEL.

J'appelle pour descendre, parbleu ! Pourquoi diable as-tu retiré l'échelle ?

ROSE.

Je n'ai rien retiré du tout ; elle y est, ton échelle.

MICHEL.

Puisque je te dis qu'elle n'y est pas ! Coquine, ajouta-t-il se parlant à lui-même, tu me le payeras. »

Rose ouvrit la porte toute grande, sortit et arriva à tâtons à la place où était l'échelle ; ne la trouvant pas, elle avança quelques pas et trébucha dessus.

ROSE.

La voilà ! elle était tombée.

MICHEL, *d'un ton brusque.*

Remets-la à la lucarne.

Rose releva l'échelle et la replaça pour que Michel pût descendre. Quand il fut à terre, il saisit Rose par le bras et se mit à lui administrer une volée de coups avec un bâton qu'il tenait à la main. Elle se borna d'abord à des gémissements et des supplications ; mais à mesure qu'il redoublait ses coups, dont la colère augmentait la violence, elle laissa échapper quelques cris, d'abord contenus, puis perçants et effroyables.

Le brigadier empoigna Michel. (Page 291.)

« Coquine, criait-il, tu veux me faire prendre. Vas-tu te taire, vieille criarde ! »

Le brigadier, jugeant la correction assez forte, et craignant pour la vie de Rose, s'élança de sa cachette ; avant qu'il pût saisir Michel, celui-ci, qui l'avait aperçu et reconnu, frappa un dernier coup sur la tête de Rose en criant : « Gueuse, tu m'as vendu ! »

Rose tomba sans mouvement ; le brigadier, aidé de son camarade, empoigna Michel, et, en moins d'une minute, le garrotta solidement. Le gendarme monta au grenier, d'après l'ordre du brigadier, et en rapporta une lanterne sourde.

« Allumez une chandelle dans la maison, dit le brigadier ; transportons cette femme sur un matelas, s'il y en a un ; quant à l'homme, il est bien garrotté ; on peut le laisser ici jusqu'à ce que nous ayons fini l'inventaire, qui ne sera pas long. »

Le brigadier souleva Rose, qui ne donna d'autre signe de vie que de légers mouvements convulsifs ; il la déposa sur un lit qui se trouvait dans un coin, et se mit à faire des recherches dans la maison. Ils ne trouvèrent rien dans la chambre où était Rose, mais dans le cabinet à côté, dans les armoires, dans le grenier surtout, ils découvrirent une grande quantité d'objets de toute sorte ; le paquet de Gribouille n'était pas encore défait ; on l'avait seulement dénoué et ouvert ; les objets y étaient tous.

Le brigadier reconnut des vêtements qu'il avait vus sur Caroline et sur Gribouille, mais il ne voulut toucher à rien avant que le vol fût bien constaté.

« Il faut aller chercher du renfort pour emmener Michel et emporter Rose, dit le brigadier; ramenez Bourdon avec vous. »

Le gendarme partit; le brigadier resta pour garder les prisonniers; l'un était garrotté, l'autre était à moitié assommée; il n'y avait donc aucune crainte qu'ils s'échapassent. Le brigadier se promena de long en large en attendant ses camarades; il avait l'air préoccupé; il marchait tantôt vite, tantôt lentement; il s'arrêtait, il se parlait à lui-même. Enfin son agitation se calma, et il dit :

« Je consulterai M. le maire; c'est un homme de bon conseil; je ferai ce qu'il me dira. Il aime ces pauvres orphelins; il m'aidera. »

Les gendarmes arrivèrent; on fit un brancard pour emporter Rose; ils allèrent vers Michel pour lui délier les jambes. Quelle fut leur surprise en ne le trouvant plus! Pendant que le brigadier se promenait en long et en large, Michel avait usé la corde qui liait ses mains en la frottant à l'angle du mur; une fois ses mains libres, il avait facilement dénoué les cordes qui liaient ses jambes; se mettant à plat ventre, il se glissa à une certaine distance de la maison, et se relevant, il se mit à marcher doucement, puis à courir jusqu'à ce qu'il fût

On fit venir le médecin. (Page 295.)

hors d'atteinte. Remettant la poursuite au lendemain, on revint à Rose, on l'emporta et on la coucha dans une chambre qui précédait la prison ; on fit venir un médecin, qui jugea l'état très-grave ; le coup sur la tête était des plus inquiétants ; en la déshabillant, on trouva son corps couvert de meurtrissures, plusieurs déjà anciennes ; ce qui prouvait qu'elle avait reçu plus d'une correction de son complice, qui s'était fait son tyran.

M. Delmis et Gribouille étaient rentrés. Le lendemain, après le premier repas et l'installation de la nouvelle bonne, Caroline et Gribouille rassemblèrent le reste de leurs effets et sortirent pour habiter leur maison, qu'ils ne devaient plus quitter. Ils avaient fait leurs adieux et reçu ceux de la famille, qui avaient été fort affectueux de la part des enfants, très-touchants du côté de M. Delmis, et très-froids de celui de Mme Delmis. Caroline marchait tristement ; Gribouille la regardait sans cesse et cherchait à la distraire en lui racontant ce qui s'était passé la veille entre lui, M. Delmis et le brigadier. Caroline souriait, serrait la main de Gribouille, mais continuait à réfléchir sur leur pénible position.

XXIII

Retour à la maison.

En arrivant chez eux, Caroline se sentit très-émue au souvenir de sa mère; elle retrouva avec attendrissement les objets qui lui avaient servi, le lit sur lequel sa mère avait rendu le dernier soupir. Pendant que Gribouille, reprenant ses anciennes allures, mettait tout en ordre, versait de l'eau dans les cruches, préparait le feu, et s'inquiétait de ne trouver ni pain, ni lait, ni sel, ni sucre, ni beurre, etc., Caroline, reprenant aussi ses anciennes habitudes, s'était agenouillée près du lit de sa mère et priait avec ferveur; elle implorait le secours de Notre-Seigneur, de sa très-sainte Mère; elle demandait à sa mère de la protéger, de veiller sur elle et sur son frère.

« Pauvre frère ! disait-elle, que puis-je faire avec lui ? il me fera renvoyer de partout; il se fera des querelles et des ennemis partout. »

Elle pleurait; mais ses larmes n'étaient pas

amères; l'espérance remplissait son cœur. Pendant qu'elle priait, elle n'avait pas entendu la porte s'ouvrir. Deux hommes restaient immobiles, la contemplant avec attendrissement. Un cri de Gribouille, qui entrait par une porte de derrière avec une brassée de fagots, fit tourner la tête à Caroline. Elle vit M. Delmis et le brigadier; elle se releva lentement, s'approcha d'eux. M. Delmis lui serra la main, pendant que le brigadier lui prenait l'autre main, qu'il serrait amicalement.

« Mademoiselle Caroline, dit-il, je viens avec M. le maire pour l'affaire du vol d'hier, et aussi pour vous renouveler mes offres de service et vous demander en grâce de ne pas vous en gêner et de me traiter sans cérémonie, en frère, chaque fois que vous aurez besoin d'aide ou de conseil, n'importe pourquoi.

MONSIEUR DELMIS.

Je dirai comme le brigadier, ma chère enfant; nous allons parler du vol d'hier, mais auparavant je dois vous faire aussi mes offres de service. Si vous vous trouvez dans la gêne, dans l'embarras, n'oubliez pas que je suis là, enchanté de vous venir en aide.

CAROLINE, *attendrie*.

Merci, monsieur; merci, monsieur le brigadier; je suis bien, bien reconnaissante.... Je suis heureuse.... grâce à vous deux.... réellement heureuse du bon secours que m'envoie le bon Dieu.

GRIBOUILLE.

Et moi, personne ne me dit rien? On m'oublie donc?

LE BRIGADIER.

Ce n'est pas moi qui t'oublierai jamais, mon bon Gribouille, mon ami, ajouta le brigadier en souriant et en lui tendant une main que Gribouille serra fortement.

GRIBOUILLE, *à M. Delmis.*

Et vous, monsieur, êtes-vous mon ami?

MONSIEUR DELMIS.

Je crois bien, parbleu! que je suis ton ami; à la vie et à la mort.

GRIBOUILLE.

Tiens! c'est drôle, vous aussi? à la mort! comme le brigadier.... c'est drôle!... à la mort!... Je vais donc mourir?

MONSIEUR DELMIS.

Mais non, tu ne vas pas mourir. Pourquoi mourrais-tu? Ne te tourmente pas de ces mauvaises idées.

GRIBOUILLE.

Mauvaises! Pourquoi mauvaises? je les trouve bonnes, moi. J'aimerais beaucoup mourir.

— Gribouille! dit Caroline d'un air de reproche, tu veux donc me quitter?

GRIBOUILLE.

Non, mais je voudrais mourir pour aller t'attendre près de maman. Ce ne sera pas bien long;

tu viendras nous rejoindre.... Ce n'est pas triste de mourir.... te souviens-tu comme maman avait l'air doux et content après qu'elle était morte?... Et puis.... vois-tu, Caroline.... j'ai peur que maman ne soit fâchée contre moi.

CAROLINE.

Fâchée? Pourquoi?

GRIBOUILLE.

Parce que.... tu sais bien.... ce méchant Jacquot.... il est mort.... il est avec maman.... Il dit que c'est moi qui l'ai tué.... il dit toutes sortes de méchancetés.... Tu sais comme il est menteur et méchant. Alors, vois-tu.... je voudrais dire à maman que Jacquot est un menteur

— Pauvre frère! pauvre frère! répéta Caroline avec tristesse. Sois tranquille, Gribouille, Jacquot n'est pas avec maman.

GRIBOUILLE.

Pourquoi cela? puisqu'il est mort.

CAROLINE.

Parce qu'il est une bête, et que les bêtes ne sont pas au ciel avec les hommes.

GRIBOUILLE.

Avec les hommes, non; mais avec les femmes?

— Avec les femmes non plus, nigaud, dit M. Delmis en riant. Finis donc avec les morts et ton Jacquot; nous perdons notre temps à écouter tes niaiseries. Caroline, il faut que vous veniez avec nous reconnaître vos effets dans le tas d'objets volés que le brigadier a trouvés chez Michel.

— Retrouvés! déjà? s'écria Caroline avec joie. Quel service vous nous rendez, à Gribouille et à moi! nous ne possédions plus que les vêtements que nous avons sur le dos.

LE BRIGADIER.

Je suis bien heureux d'avoir réussi cette fois, mademoiselle Caroline. »

Gribouille, enchanté de ravoir ses beaux habits, demanda la permission d'accompagner sa sœur, ce qui lui fut accordé sans peine. Ils ne tardèrent pas à arriver à la chaumière de Michel. Un gendarme la gardait, de peur qu'il ne prît fantaisie à Michel de revenir chercher des effets, et surtout un sac d'argent que le brigadier avait trouvé sous la pierre du lavoir. Rien n'avait été déplacé; M. Delmis, Caroline, le brigadier et Gribouille montèrent au grenier, où avait été déposé le paquet de Gribouille.

« Voilà! voilà! s'écria Gribouille en entrant, mon habit du dimanche, mes pantalons, mes gilets; les robes de Caroline, notre linge, mon catéchisme et tout le reste.... Tout y est bien, regarde, Caroline.

— Oui, tout y est, dit Caroline en examinant le contenu du paquet. Le voleur n'a rien déplacé.

LE BRIGADIER.

Je ne lui en ai guère donné le temps, mademoiselle Caroline. Aussitôt que M. le maire et Gribouille m'ont fait leur rapport, je suis parti avec le camarade Prévôt; nous sommes venus tout droit ici et nous avons saisi les voleurs.

CAROLINE.

Ils étaient donc plusieurs?

LE BRIGADIER.

Deux seulement; l'autre était une femme, Rose, la bonne de M. le maire.

CAROLINE.

Rose! voleuse! Oh! mon Dieu! est-il possible? Pauvre Rose!

LE BRIGADIER.

Pauvre Rose, en effet. Je ne sais si elle en reviendra; elle a la tête meurtrie et tout le corps aussi; elle s'était liée avec ce mauvais sujet de Michel; elle voulait se marier à toute force; lui l'exploitait, il la stylait à voler, et puis il la battait, à ce qu'il semble, puisqu'elle en porte les traces.

CAROLINE.

Où est-elle cette pauvre Rose? Ne pourrais-je pas la voir?

LE BRIGADIER.

Elle est chez nous, à la prison de la gendarmerie; mais une mauvaise femme comme Rose n'est pas digne de recevoir une personne comme vous, mademoiselle Caroline.

CAROLINE.

Je pourrais peut-être la consoler, lui donner de meilleurs sentiments, amener le repentir de ses fautes. Je vous en prie, monsieur le brigadier, permettez-moi de la voir.

LE BRIGADIER.

Tout ce que vous voudrez et quand vous voudrez, mademoiselle Caroline. Voyez-la si le cœur vous en dit.

CAROLINE.

Merci, monsieur le brigadier; merci; vous êtes bien bon.

LE BRIGADIER.

Trop heureux de vous satisfaire, mademoiselle. »

Le maire et le brigadier ayant fait leur procès-verbal quant aux effets de Caroline et de Gribouille, le maire leur donna la permission de les emporter; Gribouille chargea le paquet sur son dos; il ne voulut être aidé de personne et marcha gaiement vers sa maison, escorté par le maire, le brigadier et Caroline. On se sépara à la porte; Caroline et Gribouille rentrèrent chez eux; le maire et le brigadier reprirent le chemin de leur demeure.

« Ah! dit Gribouille en déposant son paquet, nous allons à présent nous occuper du dîner; n'est-ce pas, Caroline? D'abord, nous n'avons rien.

CAROLINE.

Je vais aller acheter ce qu'il nous faut; tu vas

venir avec moi, Gribouille, et tu rapporteras tout ici, pendant que je m'arrêterai à la prison pour voir la pauvre Rose.

GRIBOUILLE.

C'est cela! Ce sera très-amusant! Tiens, ma sœur! sais-tu? je suis bien content d'être chez nous.... Et toi aussi, je parie?... Tu ris. Bon! tu es contente.... Nous allons être bien heureux! tu travailleras, je ferai le ménage; nous nous promènerons le soir; nos amis viendront nous voir; nous ferons la causette.

CAROLINE, *avec gaieté*.

Ta, ta, ta, comme tu y vas! tu arranges tout cela comme si nous n'avions qu'à nous amuser. D'abord, je n'ai pas d'ouvrage.

GRIBOUILLE.

Bah! tu en auras. Le brigadier t'en fera avoir. M. Delmis me l'a dit.

CAROLINE, *étonnée*.

Monsieur t'a dit cela?

GRIBOUILLE.

Oui, il me l'a dit, parce que le brigadier connaît beaucoup de monde et qu'il nous aime bien et qu'il sera si content de nous obliger.... Tu ne vois rien, toi.... Moi je vois tout.... Et je vois, je sais que Monsieur et le brigadier sont nos vrais amis.... Un maire et un brigadier, c'est gentil ça! Tu vois donc que tu auras de l'ouvrage.

CAROLINE.

Dieu le veuille! On ne doit pas être fière quand on a un frère à soutenir. J'accepterai de grand cœur.

GRIBOUILLE.

Et tu feras bien! Moi, j'accepterai tout! Oh! mais tout. Pain, jambon, fromage, café, n'importe quoi. Tout ce qui se mange.

CAROLINE.

Mais pas d'argent, Gribouille! pas d'argent!

GRIBOUILLE.

Ma foi!... je n'en sais rien! ça dépend! Si je n'en ai pas besoin, je n'accepterai pas. Mais.... si j'ai besoin.... je crois.... oui.... je suis sûr que j'irai en demander à Monsieur.

CAROLINE.

A Monsieur, je veux bien; mais pas à d'autres, Gribouille, pas à d'autres. Et ne demande pas à Monsieur sans m'en parler.

GRIBOUILLE.

Et si tu ne me dis pas quand tu n'en auras plus?

CAROLINE.

Je te le dirai; je te le promets. J'en ai encore beaucoup.

GRIBOUILLE.

Combien as-tu?

CAROLINE.

Deux cents francs que m'a donnés Monsieur, et cent soixante francs que j'avais.

GRIBOUILLE.

Ça fait combien?

CAROLINE.

Trois cent soixante francs.

GRIBOUILLE.

Sommes-nous riches! sommes-nous riches! cria Gribouille en gambadant. Allons au marché et achetons des petites choses soignées.

CAROLINE.

Non, Gribouille; n'achetons que le nécessaire. Dans notre position, il faut s'habituer à ne dépenser que juste ce qui est indispensable pour vivre.

GRIBOUILLE.

Fais comme tu voudras. Moi, d'abord, je n'ai besoin que d'un morceau de pain et quelque chose avec.... Je suis content!... Que je suis donc content d'être chez nous!... »

Gribouille était radieux; il sautait, il dansait; il embrassait Caroline qui souriait en le regardant.

« Partons, dit-elle en prenant son panier à provisions, que Gribouille voulut absolument porter.

GRIBOUILLE.

Où allons-nous?

CAROLINE.

D'abord, chez le boulanger, puis chez le boucher, ensuite chez l'épicier, enfin, à la ferme des Haies pour acheter du beurre.

GRIBOUILLE.

Ça fait bien du monde! Nous allons dépenser tout notre argent.

CAROLINE.

Non, non, n'aie pas peur! Je serai raisonnable; je n'achèterai que juste ce qu'il faut.

GRIBOUILLE.

Pourquoi vas-tu chez l'épicier? Je n'ai pas besoin de sucre d'orge ni de friandises.

CAROLINE.

Ce n'est pas cela non plus que j'achèterai; mais il nous faut de la chandelle, du sel, du poivre, du savon, et d'autres petites choses dont on ne peut pas se passer. »

Ils commencèrent par aller chez M. le curé pour l'informer de leur départ de chez Mme Delmis et le prier de s'intéresser à eux pour procurer de l'ouvrage à Caroline.

LE CURÉ.

Vous en aurez tout de suite, mon enfant, et sans aller plus loin; je viens de recevoir de mon frère une pièce de toile pour des chemises et des serviettes; j'ai aussi à faire une soutane et une houppelande pour l'hiver. Je vous enverrai tout cela et vous en aurez pour un bout de temps.

GRIBOUILLE.

N'est-il pas vrai, monsieur le curé, que nous serons plus tranquilles et plus heureux chez nous que chez Mme Delmis? Monsieur est bien bon, mais Madame....

LE CURÉ, *souriant*.

Voyons, voyons, Gribouille, pas de méchanceté. Je crois pourtant que tu as raison, et que si Caroline peut trouver suffisamment d'ouvrage, tout sera pour le mieux.

XXIV

Visite à la prison.

Caroline remercia le curé et sortit avec Gribouille pour faire ses emplettes. Quad elle les eut finies, elle se dirigea vers la prisor pour voir Rose. Elle trouva à la porte le brigadir qui l'attendait. Gribouille courut à lui.

« Tenez, mon ami, lui dit-il…. Vous êtes mon ami, n'est-ce pas ?... (Le brigadier sourit.) Alors pourquoi riez-vous ?

LE BRIGADIER.

Parce que je suis content de vous vor et d'être ton ami.

GRIBOUILLE.

A la bonne heure !... Je vais vous rontrer ce que Caroline vient d'acheter.

CAROLINE.

Mais non, Gribouille ! Tu ennuies M le brigadier. Laisse-moi lui demander de me rener près de la pauvre Rose, qui doit être bien maheureuse.

LE BRIGADIER.

Venez, mademoiselle Caroline ; je vais vous montrer le chemin. Tout à l'heure, Gribouille, je suis à toi. »

Le brigadier précéda Caroline ; il lui fit monter quelques marches ; ils parcoururent un long couloir au bout duquel était la porte de la prison, que le brigadier ouvrit. Caroline aperçut Rose couchée sur un lit et qui paraissait dormir.

LE BRIGADIER.

Entrez, mademoiselle ; je vais rester avec vous si vous avez peur.

CAROLINE.

Oh! non, je n'ai pas peur ; mais peut-être aimera-t-elle mieux être seule avec moi.

LE BRIGADIER.

Et si elle allait vous injurier ou vous frapper?

CAROLINE.

Je ne crois pas qu'elle en ait la force ; elle est si pâle! elle paraît bien malade.

LE BRIGADIER.

Permettez, avant de vous laisser seule ici, que je lui parle pour voir dans quelle humeur elle se trouve. « Rose, dit le brigadier, voici Mlle Caroline qui vient vous voir. La recevrez-vous bien? »

Rose ouvrit les yeux, regarda Caroline ; deux grosses larmes roulèrent sur ses joues pâlies et saignantes.

ROSE.

Caroline! vous venez me voir? Oh! vous êtes bonne!... trop bonne!... Moi qui ai été si méchante pour vous! Pardonnez-moi, Caroline! Je suis bien punie!... bien malheureuse!

CAROLINE.

Ma pauvre Rose, je vous pardonne de tout mon cœur; je suis triste de vous retrouver dans cette terrible prison, et si malade.

ROSE.

Dieu m'a punie! Dieu vous a vengée! Je voulais vous dépouiller de vos effets. Ce misérable Michel voulait vous voler tout ce que vous possédez, et moi, je devais l'aider à vous ruiner; nous devions pénétrer dans votre maison et tout prendre.

LE BRIGADIER.

Et si Mlle Caroline avait résisté? Si elle avait crié?

ROSE.

Je crois qu'il l'aurait tuée.

LE BRIGADIER.

Malheureuse! La tuer! Tuer une si sainte, si excellente créature! Faut-il être méchant et sans cœur!...

ROSE.

Je me repens bien sincèrement d'avoir prêté les mains à un crime pareil.... Caroline, Caroline, pardonnez-moi! ajouta Rose en joignant les mains.

Caroline, pour toute réponse, se baissa vers

Rose et baisa son front meurtri. Un éclair de joie parut sur le visage de Rose; elle saisit la main de Caroline et, la portant à ses lèvres, donna un libre cours à ses sanglots.

ROSE.

Ah! le brigadier a bien raison! Sainte, excellente créature! Caroline, aidez-moi dans mon repentir; je veux voir M. le curé avant de mourir.

CAROLINE.

Vous verrez M. le curé, et j'espère que vous ne mourrez pas, ma pauvre Rose. Monsieur le brigadier, je vous en prie, allez chercher M. le curé.... Je vous en prie.... cher monsieur Bourget!

LE BRIGADIER.

Ma bonne chère mademoiselle Caroline, impossible! Je ne dois pas quitter mon poste; je suis seul à garder la prison. Je suis peiné, désolé de vous refuser; mais le devoir avant tout.

CAROLINE.

Vous avez raison... J'oubliais.... Comment faire?

LE BRIGADIER.

Si j'envoyais Gribouille?

CAROLINE.

Bien! Très-bien! Envoyez vite Gribouille et revenez.

Le brigadier ne se le fit pas dire deux fois; il trouva Gribouille dans la salle et lui dit de ramener vite M. le curé pour Rose, qui se mourait.

Gribouille partit en courant; mais avant de s'en aller il remit son panier au brigadier.

« Gardez bien cela, lui dit-il; ce sont nos provi-

sions; ne les laissez manger à personne et n'y touchez pas vous-même.

LE BRIGADIER, *souriant*.

Sois tranquille, mon ami; personne n'y mettra la main; et quant à moi, j'aimerais mieux mourir de faim que de voler ta sœur. »

Le brigadier leva le couvercle du panier; avant de le refermer, il ajouta aux maigres provisions qu'il renfermait la moitié d'un poulet, deux œufs

Elle saisit la main de Caroline et la porta à ses lèvres. (Page 311.)

tout frais et un petit pot de gelée de groseilles ; il le serra ensuite dans une armoire et revint près de Caroline.

« Prenez garde à Michel, disait Rose ; il vous fera du mal. Il a une clef qui ouvre la porte de derrière de votre maison. Brigadier, veillez sur elle ; tâchez de prendre Michel.... Le misérable ! il m'avait promis de m'épouser.... et il m'a tuée.... Caroline, ne m'abandonnez pas.... Votre présence me fait du bien.... Si M. le curé pouvait venir !

LE BRIGADIER.

Il viendra, il viendra, Rose ; Gribouille y est allé ! »

En effet, peu de minutes après le curé arriva en toute hâte, ne sachant pas de quoi il était question. Quand il vit Rose, il devina qu'elle n'avait pas beaucoup de temps à vivre ; il fit sortir Caroline et le brigadier, et resta seul avec elle. Caroline resta dans le couloir, ne voulant pas s'éloigner ; le brigadier lui apporta une chaise et alla rejoindre Gribouille, qui cherchait son panier avec une inquiétude visible.

« Le voilà, le voilà, dit le brigadier en ouvrant l'armoire. Je suis de bonne garde, moi. »

Gribouille ouvrit le panier et fit une exclamation de surprise.

« Qui est-ce qui a mis tout cela dans mon panier ?

LE BRIGADIER.

C'est moi, mon ami.... Le premier jour, on n'est

pas bien établi.... Et puis Caroline n'aura pas le temps de faire cuire la viande.... Alors je me suis permis.... d'ajouter quelque chose.

GRIBOUILLE.

Merci, brigadier, merci. Vous êtes un bon ami, je vois cela. Je n'en ai pas l'air, mais je suis reconnaissant. Je ne sais pas ce que je ne ferais pas pour vous.... Vrai, je me ferais tuer pour vous, et avec plaisir, encore!

LE BRIGADIER.

Ne te fais tuer pour personne, mon cher Gribouille, et vis pour nous. Caroline serait malheureuse si elle ne t'avait plus.

GRIBOUILLE.

Elle pleurerait, mais.... vous la consoleriez, n'est-ce pas? Vous seriez son frère à ma place?... Promettez-le-moi, mon ami.

LE BRIGADIER.

Oui, je te le promets, Gribouille; je me dévouerais à elle, je ne la quitterais plus.... si elle le veut bien, toutefois.

GRIBOUILLE.

Oh! elle le voudra; elle vous aime bien; je vois cela quand on parle de vous.

LE BRIGADIER.

Que vois-tu quand on parle de moi?

GRIBOUILLE.

Je vois que cela lui fait plaisir, qu'elle sourit,

qu'elle est consolée.... Si vous étiez là, toujours avec elle, à ma place, je serais bien content de mourir.

LE BRIGADIER.

Pourquoi parles-tu toujours de mourir, mon ami ? tu es jeune et tu te portes bien.

GRIBOUILLE.

Oui ; mais quand je dors, je vois maman qui est si belle, si belle, dans une lumière si éclatante ; il y a autour d'elle beaucoup d'anges si jolis ! Et tous m'appellent ; ils arrivent tout près de moi et ils ne peuvent jamais me prendre. Hier, je me débattais pour aller avec eux, mais je ne pouvais pas ; alors un ange, tout de feu, que les autres appelaient l'ange de la mort, m'a touché ; vous êtes venu, vous avez coupé les liens qui m'attachaient à la terre, et je me suis envolé avec les anges, qui m'ont porté à maman. J'étais bien content.... Et puis.... vous ne savez pas, quand je suis arrivé près de maman, j'ai vu Jacquot qui se sauvait et qui me regardait avec des yeux si furieux ! Les anges le chassaient ; c'était drôle ! Il voulait toujours passer et il ne pouvait pas.... Je riais, moi, et je me sentais si bien !... oh ! mais si bien, que j'aurais voulu ne jamais m'en aller.... Et voilà pourquoi je veux mourir, et je crois que je vais mourir. »

Le brigadier écoutait Gribouille en se caressant la moustache ; tous deux restèrent silencieux et réfléchis.

« C'est singulier!... dit enfin le brigadier à mi-voix. Serait-ce.... un avertissement.... un pressentiment? Pauvre Caroline! elle ne peut pas rester seule.

GRIBOUILLE.

N'est-ce pas qu'elle ne peut pas rester seule? Je vous le disais bien. Il faut que vous ou M. Delmis vous restiez avec elle.... Vous me l'avez promis, d'abord.

LE BRIGADIER.

Et je te le promets encore très-sincèrement, très-sérieusement, comme à mon frère!

— Rose se meurt, dit le curé en entrant; Caroline est près d'elle ; elle n'entend plus et ne dit plus rien ; elle meurt dans de bons sentiments. Je l'ai confessée, je lui ai donné l'extrême-onction ; j'espère que le bon Dieu lui fera miséricorde. Pendant que nous sommes seuls, brigadier, j'ai à vous parler d'un aveu que Rose m'a prié de vous communiquer : il paraît que Michel doit pénétrer cette nuit dans la maison de Caroline avec les plus sinistres projets ; il sait qu'elle doit avoir de l'argent, et il veut la voler, peut-être l'assassiner. Caroline ne peut pas coucher dans cette maison jusqu'à ce que Michel soit pris ; et il faut qu'un de vos hommes y passe la nuit pour saisir ce misérable. Je vais prendre Caroline chez moi pendant quelques jours ; elle couchera avec ma nièce ; mais

Et je me suis envolé avec les anges. (Page 317.)

que ferons-nous de Gribouille? Pouvez-vous vous en charger?

LE BRIGADIER.

Très-volontiers, monsieur le curé, et grand merci de me mettre à même de rendre quelque service à ces pauvres enfants. Gribouille couchera chez moi, dans mon lit, pendant que je veillerai là-bas, chez eux, jusqu'à ce que nous mettions la main sur ce gredin de Michel.

GRIBOUILLE.

Non, non, je ne veux pas rester ici : je veux aller avec vous, brigadier, pour vous aider à garder la maison.

LE BRIGADIER.

Mon pauvre Gribouille, tu ne pourras pas m'aider; tu me gênerais, au contraire.

GRIBOUILLE.

Non, je ne vous gênerai pas. Je vous en prie, laissez-moi aller avec vous. Sans Caroline, je ne suis content qu'avec vous. Quelque chose me dit qu'il vous arrivera malheur sans moi.

LE BRIGADIER.

Pauvre garçon! je crains que tu ne te fatigues pour rien.

GRIBOUILLE.

Non, non, je ne me fatiguerai pas. Je serai si heureux! Nous passerons une si bonne nuit! comme deux frères!

LE BRIGADIER.

Viens, puisque tu le veux, mon ami; tu viendras, je te le promets. »

Le curé et le brigadier retournèrent à la prison, où ils trouvèrent Caroline à genoux près du lit de Rose, récitant les prières des agonisants. Le curé et le brigadier s'agenouillèrent près d'elle et prièrent

avec elle. Quand ils eurent terminé, le curé fit un signe de croix sur le front de Rose et lui ferma les yeux; elle venait d'expirer. Il releva Caroline.

« Venez, chère enfant, tout est fini; Rose est devant le bon Dieu, qui l'a déjà jugée dans sa miséricorde et sa justice.

CAROLINE.

Mais Rose ne peut pas rester ainsi abandonnée;

il faut qu'elle soit ensevelie et que quelqu'un passe la nuit près de son corps et prie pour son âme.

LE CURÉ.

Tout cela sera fait, ma chère enfant; je vais vous emmener chez moi, où vous resterez avec ma nièce. Je prendrai Nanon, qui rendra les devoirs dont vous parlez, et c'est moi qui passerai la nuit près d'elle.

LE BRIGADIER.

Monsieur le curé, on ne peut pas l'ensevelir avant que le médecin qui l'a déjà soignée ne vienne constater la mort et les blessures qui l'ont occasionnée.

LE CURÉ.

C'est vous que ce soin regarde, mon brave brigadier; allez ou envoyez chercher le médecin; je serai de retour dans une heure, avec ma bonne. Venez, Caroline. »

Caroline, docile aux ordres du curé, le suivit; avant de quitter la maison, elle demanda à retourner chez elle, avec son frère, pour se remettre de ses émotions, préparer ensuite le repas du soir, et prendre le repos qui lui était si nécessaire.

LE CURÉ.

Cela ne se peut, mon enfant; les gendarmes vont occuper votre maison cette nuit, pour arrêter Michel, qui doit y venir s'emparer de vos petites économies. Vous ne pouvez y rester convenablement. Et quant à votre frère, le brigadier s'en charge.

Caroline ne répliqua pas; en se retirant, elle remercia affectueusement le brigadier du secours qu'il leur prêtait, et marcha silencieusement à côté du curé. Il ne tardèrent pas à arriver au presbytère, où les attendait la bonne.

XXV

La servante du curé.

NANON.

Vous voici enfin! C'est bien heureux, en vérité! Je pensais que vous ne reviendriez plus! Le dîner vous attend depuis un quart d'heure; et Mlle Pélagie n'est pas trop contente, je vous en avertis.

LE CURÉ, *avec bonté*.

Ni vous non plus, à ce qu'il semble, ma vieille Nanon! Mais cette fois, ce n'est vraiment pas de ma faute.

NANON.

Ce n'est jamais de votre faute! c'est connu. Vous avez toujours quelque bonne raison à donner.

LE CURÉ.

Mais si ma raison est bonne, je ne suis pas coupable.

NANON.

Là! Voilà encore une de vos excuses entortillées! On n'a jamais le dernier avec vous.

LE CURÉ.

Excepté vous, qui me grondez toujours et jusqu'à ce que je sois à bout de raisonnements.

NANON.

Parce que vos raisonnements ne valent pas deux liards. Et pourquoi m'amenez-vous Caroline? Et pourquoi êtes-vous en retard? Vous ne vous êtes pas encore expliqué là-dessus.

LE CURÉ.

J'amène Caroline pour dîner et pour coucher; et….

NANON.

En voilà-t-il une idée! Vous n'avez peut-être pas assez de monde dans la maison? Où voulez-vous que je la mette? Est-ce que j'ai une chambre à lui donner? Faut-il que je lui donne la mienne et que j'aille coucher dans la niche aux lapins?

LE CURÉ, *avec gaieté.*

Non, non, ma vieille grondeuse, vous n'irez pas dans la niche aux lapins; vous coucherez dans votre lit, et Caroline ne dérangera personne que Pélagie qui l'aime et qui sera contente de l'obliger.

NANON.

Et moi donc? Est-ce que je ne l'aime pas? est-ce que j'ai jamais refusé de l'obliger? Mais pourquoi faut-il que vous nous l'ameniez, au lieu de la laisser coucher chez elle?

LE CURÉ.

Parce qu'elle a besoin de soins et d'amitié après

la scène à laquelle elle vient d'assister. Rose est morte dans ses bras, dans la prison, où cette bonne Caroline a passé son après-midi à la soigner et à la consoler.

NANON.

Rose, morte ! Tiens, tiens, tiens ! Elle était donc bien blessée pour mourir si vite ? C'est bien tout de même à Caroline d'avoir soigné cette méchante fille. Vous êtes une brave enfant, Caroline ; le bon Dieu vous le revaudra. Nous vous soignerons bien ici. C'est vrai qu'elle est toute pâle et tremblante. Pauvre enfant !

CAROLINE.

C'est malgré moi que M. le curé m'a amenée, Nanon ; je suis désolée de vous déranger, et je prie M. le curé de vouloir bien me permettre de me retirer. Je resterai avec mon frère ou j'irai trouver M. Delmis, qui est si bon pour moi.

NANON.

Quel besoin avez-vous de M. Delmis, puisque vous êtes ici ? Ne sommes-nous pas là, Mlle Pélagie et moi

LE CURÉ.

Mais c'est précisément vous qu'elle veut fuir ; avez-vous assez grogné contre elle ? Comment ne chercherait-elle pas un abri ailleurs, quand elle vous voit si maussade ?

NANON.

Voyons !... j'ai eu tort !... j'ai tort !... là.... Êtes-vous content? Est-ce ça que vous voulez? Venez, Caroline, n'ayez pas peur ; n'écoutez pas M. le curé, qui a toujours la bouche pleine de paroles qui n'ont pas de sens.... Mais tout cela n'explique pas, monsieur le curé, pourquoi vous êtes rentré si tard.

LE CURÉ.

Parce que j'ai assisté Rose à ses derniers moments. Fallait-il la laisser mourir sans confession?... Nous allons y retourner, vous et moi, après avoir mangé un peu ; vous pour l'ensevelir, et moi pour prier.

NANON.

Je vois bien où vous en voulez venir. Vous voulez y passer la nuit, n'est-il pas vrai ? vous fatiguer, vous éreinter, comme vous faites toujours?

LE CURÉ.

Je ne me fatiguerai pas, je ne m'éreinterai pas, et j'y passerai la nuit bien tranquillement à prier pour cette pauvre âme, afin que notre Seigneur lui fasse miséricorde.

NANON.

Quel homme ! quel homme! On n'a jamais le dernier avec lui! Il faut toujours qu'il ait raison! Si ce n'est pas de l'orgueil, cela, je ne sais pas ce que c'est.

LE CURÉ, *avec gravité.*

C'est la simple charité d'un chrétien et d'un

prêtre, ma bonne Nanon. Assez de discussions, et allons voir Pélagie.

Nanon les précéda en grommelant ; toujours bourrue, elle épouvantait ceux qui ne la connaissaient pas ; mais sous cette apparence mauvaise elle cachait un cœur assez compatissant, une grande affection pour son maître et une grande bonne volonté à secourir les gens en détresse. Aussi ne manqua-t-elle pas, en ajoutant un couvert pour Caroline, de préparer du vin chaud pour la remettre et du café pour le curé. Elle eut soin d'apporter d'avance sa houppelande, pour qu'il n'eût pas froid la nuit, et de mettre dans une des poches sa grande tabatière, pleine de tabac frais.

Pélagie reçut Caroline très-affectueusement.

« Nous passerons une partie de la soirée au profit de la pauvre Rose, ma bonne petite Caroline ; demain, mon oncle dira la messe pour elle, et nous prierons bien avec lui, afin que le bon Dieu lui pardonne. »

Caroline remercia Pélagie de son bon accueil ; elle mangea peu ; le curé, plus habitué à ces scènes de mort, dîna suffisamment pour rassurer Nanon, qui aurait voulu lui voir avaler tout ce qu'elle avait servi sur la table.

« Mangez, mangez, monsieur le curé ; songez donc que vous aller passer la nuit tout éveillé.... car vous ne dormez guère quand vous priez ; ce n'est pas comme moi ; quand mon heure est venue, il n'y a pas de mort qui tienne, il faut que je dorme…. Mais vous ne mangez pas … Voilà-t-il un beau repas ! une assiette de soupe et deux bouchées de viande…. Tenez, voici du jambon aux épinards…. vous en prendrez bien un peu…. Encore, encore…. quand ce ne serait que pour m'obliger…. C'est donc pour me faire un reproche de ma mauvaise cuisine, que vous ne mangez pas?… Ce n'est pas aimable, ça…. A la bonne heure! voilà une bonne tranche d'avalée! c'est toujours ça…. Votre tasse de café, à présent, avec une goutte d'eau-de-vie.

LE CURÉ.

Pas d'eau-de-vie, Nanon, je vous en prie.

NANON.

Vous en aurez tout de même. Là, voilà que c'est versé ! Vous ne pensez jamais à l'avenir ! Si je n'étais pas là, moi il y a longtemps que vous seriez en terre.

LE CURÉ.

Ce ne serait pas un si grand malheur, Nanon !

NANON.

Seigneur de Dieu ! pas un si grand malheur ! Comme vous parlez !… toujours sans réflexion ! Pas un malheur !… Et que deviendraient les pauvres du quartier, et les malheureux, et les malades, et tous ceux qui ont besoin de conseils et de consolation? Et moi donc ? et votre nièce?... vous ne nous comptez pour rien ! Faut-il être égoïste pour dire des choses comme ça !... C'est que c'est méchant; vrai, c'est méchant !... Pas un grand malheur !... Et dire que c'est lui-même, lui, l'homme du bon Dieu, qui dit des choses comme ça ! Tenez, monsieur le curé, permettez-moi de boire ce reste de café, avec une goutte d'eau-de-vie, pour me remettre; vrai, je suis trop en colère.

LE CURÉ.

Buvez, buvez, ma vieille Nanon. Est-ce que vous avez besoin de me demander permission pour prendre n'importe quoi? Tout ce que j'ai est à vous comme à moi. Nous sommes de vieux amis ; voici bientôt vingt ans que nous sommes ensemble, que vous me soignez, que vous vous fatiguez à mon service, que vous batailliez pour moi plus que vous ne feriez pour vous-même, que vous m'aimez, enfin car ce mot résume tout quand il est joint à l'amour de Dieu.

NANON.

Pour ça oui, que je vous aime et que je vous respecte, et que je vous vénère comme un saint, et que je donnerais pour vous ma vie avec toutes sortes de tortures, comme faisaient les anciens martyrs. »

Et la voix de Nanon, d'abord émue, puis tremblotante, finit par être entrecoupée de sanglots.

« Partons, dit le curé, qui voulut arrêter l'explosion attendrie de Nanon. Pélagie, je vous confie Caroline. A demain, mes enfants.

CAROLINE.

Monsieur le curé, recommandez bien mon frère aux soins du brigadier; je sais qu'il fera de son mieux, mais vous savez que Gribouille demande une surveillance toute particulière. Priez-le de ne pas le quitter jusqu'à mon retour.

LE CURÉ.

Je m'aquitterai de votre commission, ma chère enfant; mais je puis vous répondre d'avance que la recommandation est inutile; le brigadier est un homme sérieux et bon, en qui vous pouvez avoir toute confiance. Gribouille est aussi en sûreté sous sa garde qu'il le serait sous la vôtre ou la mienne. »

Le curé partit avec Nanon, qui portait sur son bras la houppelande, contre laquelle elle grommelait pour se dédommager de l'élan de sensibilité qu'elle venait de laisser échapper.

« Cette idée de passer toute la nuit près de cette femme morte ! disait-elle à mi-voix. Comme si ses prières n'étaient pas aussi bonnes dans sa chambre et dans son lit que dans cette maison maudite…. Il faut toujours qu'il fasse comme personne…. Est-ce que j'imagine, moi, de passer toute une nuit en tête-à-tête avec un mort ?…. Agréable compagnie, en vérité !…. Et pourquoi faut-il que ce soit moi qui ensevelisse cette femme ?... Quel bien lui en reviendra-t-il? qu'est-ce que j'en retirerai, moi?... Ah! mais c'est toujours comme ça!... Il ne pense pas au mal que ça donne.... il faut qu'on fasse tout de même.... parce que ça lui a passé dans l'idée.

— Nanon, vous avez de mauvaises idées, dit le curé qui l'entendait, bien qu'elle parlât bas dans ce moment. C'est une charité à laquelle je vous invite. Cette pauvre malheureuse, morte assassinée, en prison, repentante et abandonnée, a droit à votre compassion.

NANON.

Je ne dis pas non, monsieur le curé, je ne dis pas non.... C'est seulement des idées comme ça.... qui me passent par la tête.... Certainement je sais.... que.... que.... que je suis une vieille maussade, une grognon, un mauvais caractère, s'écria-t-elle avec force. Je ne recommencerai plus, monsieur le curé; bien sûr, je vais marcher sagement près de vous.... Seulement c'est cette houppelande qui vous chauffe le bras.

LE CURÉ.

Et pourquoi l'avez-vous prise? Je n'en ai que faire.

NANON.

C'est ça! Vous allez passer la nuit à grelotter dans cette prison humide, pour attraper du mal? Plus souvent que je vous laisserai faire!

LE CURÉ.

Alors donnez-la moi, ma pauvre Nanon; il est juste que je la porte, puisque c'est pour moi que vous avez eu ce soin, dont je vous remercie.

NANON.

En vérité! Il y a bien de quoi me remercier; comme si je pouvais faire autrement que de penser à vous puisque vous n'y pensez jamais vous-même. Et vous ne l'aurez pas; c'est moi qui vous le dis. C'est bien le moins que je répare, en m'éreintant un peu, les méchantes paroles que vous avez entendues.

LE CURÉ.

Comme vous voudrez, Nanon; vous savez que ce n'est pas toujours moi qui suis le maître.

NANON.

Ce qui veut dire que c'est moi qui vous tourmente, qui vous rends victime?

— Pas tout à fait, mais un peu, dit le curé en souriant. Mais nous voici arrivés; voyons si le médecin a terminé son affaire. »

Le curé, suivie de Nanon, entra chez le brigadier, qu'il trouva avec Gribouille; tous deux finissaient leur repas du soir.

XXVI

Le pressentiment.

Le médecin était venu aussitôt après le départ du curé, pour voir comment se trouvait sa malade; il ne fut pas surpris d'apprendre sa mort, et il fit son procès-verbal, constatant que le coup sur la tête avait été la cause principale du décès; elle avait, en outre, une côte cassée et plusieurs plaies sur diverses parties du corps. Quant le médecin fut parti, Gribouille se plaignit d'avoir faim.

LE BRIGADIER.

C'est un mal facile à enlever, mon garçon; nous allons dîner; seulement nous mangerons froid, car le n'ai pas eu le temps de réchauffer mon dîner.

Gribouille ouvrit son panier.

« Voici la moitié de poulet et les œufs que vous m'avez donnés ce matin; Caroline dîne chez le curé, moi je dîne chez vous; ce serait donc perdu, et c'est dommage : ce poulet a si bonne mine!

LE BRIGADIER.

Tu n'as pas tort, mon ami. Mettons-nous à table et mangeons le poulet pendant que les œufs cuisent. »

Le brigadier tira de l'armoire du pain, une bouteille de vin, et, avec l'aide de Gribouille, le couvert fut bientôt mis. Gribouille mangeait et buvait avec une satisfaction évidente.

« Jamais je n'ai si bien dîné, dit-il. Jamais je ne me suis senti si content et si à l'aise ! C'est comme s'il allait m'arriver quelque chose de très-bon, de très-heureux !... Je vous aime bien, brigadier.... Je vous aime.... je ne sais pas comment dire ça.... j'ai pour vous la même amitié que j'ai pour Caroline.... Ça vous fait plaisir, n'est-ce pas ?

LE BRIGADIER.

Beaucoup, beaucoup, Plus que je ne puis dire, mon bon Gribouille, dit le brigadier en souriant et en lui serrant la main. Mes moustaches ne te font donc pas peur ?

GRIBOUILLE.

Peur ! vos moustaches ! Ah bien oui ! Vos moustaches seraient deux fois plus grosses qu'elles ne me feraient pas peur. Vous avez l'air si bon, et puis on voit dans vos yeux toutes sortes de choses.... si bonnes.... si agréables !

LE BRIGADIER, *souriant*.

Tu vas me donner de la vanité, Gribouille, ave tes flatteries.

GRIBOUILLE.

Flatteries! vous appelez cela flatteries?... Cela vous flatte donc? Tant mieux!... j'aime à vous faire plaisir. Je ne flatte pas, moi, je dis vrai. »

Gribouille devint pensif; le brigadier réfléchissait de son côté. Il fut tiré de ses réflexions par Gribouille qui lui dit :

« Brigadier, je n'ai pas dit adieu à Caroline; il faut que j'aille l'embrasser.

LE BRIGADIER.

Tu ne peux pas sortir seul, Gribouille; il commence à faire nuit; je réponds de toi à ta sœur.

GRIBOUILLE.

Eh bien! venez avec moi; vous direz aussi adieu à Caroline; elle sera bien contente.

LE BRIGADIER.

Je ne peux pas, mon ami; il faut que je reste ici jusqu'à l'arrivée de M. le curé. Le devoir avant tout.

GRIBOUILLE.

Mais quand M. le curé sera venu?

LE BRIGADIER.

Alors, je pourrai t'y mener; et quand il fera nuit tout à fait, nous irons chez toi pour y passer la nuit, et tâcher de prendre ce scélérat de Michel. Un de mes hommes y est déjà, caché dans le bûcher; nous deux, nous entrerons dans la maison. »

C'est à ce moment que le curé et Nanon arrivèrent.

« Le médecin est-il venu, brigadier? dit le curé en entrant.

LE BRIGADIER.

Tout est fait et bien en règle, monsieur le curé; Nanon peut procéder à l'ensevelissement.

NANON.

Comment voulez-vous que je m'en tire toute seule? Et dans cette prison encore, où on n'a rien et où on n'y voit goutte.

LE BRIGADIER.

Pour y voir, Nanon, on y voit assez avec une chandelle; quant à un aide, je vais appeler la femme de mon camarade Prévôt, qui se fera un plaisir de vous donner un coup de main. »

Le brigadier sortit, et rentra peu d'instants après, accompagné de la femme Prévôt, qui était heureusement dans les bonnes grâces de Nanon; elles allèrent toutes deux à la prison, où elles commencèrent leur besogne.

« Mettez-vous là près de moi, brigadier, dit le curé en s'asseyant, et causons d'une affaire sérieuse qui vous regarde.

LE BRIGADIER.

Bien désolé de refuser, monsieur le curé; mais j'ai promis à Gribouille de l'accompagner jusqu chez sa sœur, à laquelle il désire vivement dir adieu.

LE CURÉ.

Mais il la verra demain. Laisse-nous causer, Gribouille; tu seras de la partie.

GRIBOUILLE.

Non, monsieur le curé; il faut que j'embrasse Caroline; si je ne l'embrassais pas ce soir, j'aurais comme un remords qui m'étoufferait.

LE CURÉ.

Quel enfantillage ! Tu oublies que tu as seize ans et que tu deviens un homme.

GRIBOUILLE.

Est-ce une raison pour oublier ma sœur ? Croyez-vous que je n'embrasserai plus ma sœur et que je la laisserai là, quand je serai un homme, comme vous dites? Le brigadier m'a promis de m'accompagner, parce qu'il ne veut pas me laisser aller seul la nuit. Je ne serai pas longtemps, allez ; vous causerez plus tard.

LE CURÉ.

A demain, alors, brigadier, car plus tard je serai à mon poste, à la prison, près du corps de la pauvre Rose. »

Le brigadier serra la main du curé en lui exprimant le regret de ne pas pouvoir lui tenir compagnie, et partit avec Gribouille. Quand ils arrivèrent au presbytère, le brigadier voulut rester à la porte et fit entrer Gribouille seul. Celui-ci ne tarda pas à revenir; il avait les yeux rouges. Le brigadier s'en aperçut.

« Qu'as-tu, mon pauvre garçon? On dirait que tu as pleuré.

GRIBOUILLE.

Oui, je n'ai pas pu m'en empêcher en disant adieu à Caroline; il me semblait que je lui disais adieu pour bien longtemps; je suis triste ce soir; je me sens tout autre que d'habitude; j'ai envie de dire adieu à tous ceux que j'aime, à M. Delmis, à M. le curé, jusqu'à Nanon, que j'aurais volontiers embrassée. La seule chose qui me console, c'est d'être avec vous, brigadier, ajouta-t-il en se rapprochant de lui et lui serrant affectueusement la main.

LE BRIGADIER.

Tout ça n'est rien, mon ami; c'est parce que tu n'es pas habitué à être séparé de ta sœur. Du courage! Je dirai comme M. le curé : tu vas bientôt être homme; il ne faut pas te laisser aller comme un enfant.

GRIBOUILLE.

Je tâcherai.... j'y ferai ce que je pourrai.... mais je ne peux pas. C'est comme un plomb que j'ai sur le cœur. »

Le brigadier lui passa amicalement la main sur la tête; Gribouille lui donna le bras et ils marchèrent en silence. La nuit était venue tout à fait noire, orageuse; le tonnerre grondait dans le lointain; le vent commençait à secouer la cime des arbres; l'air était lourd, la chaleur accablante. Sans s'en aperce

Le vent commençait à secouer la cime des arbres. (Page 240.)

voir, le brigadier avait de beaucoup dépassé la prison et se dirigeait machinalement vers la maison de Caroline et de Gribouille. Se voyant si près du but, et l'obscurité redoublée par l'orage qui se préparait lui facilitant l'entrée de la maison sans être vu, il continua à avancer, et ils ne tardèrent pas à arriver à la porte, dont Gribouille avait la clef. Le brigadier la prit des mains de son compagnon, l'introduisit sans bruit dans la serrure et ouvrit avec précaution. Gribouille entra le premier; le brigadier le suivit pour refermer et verrouiller la porte.

« Fermons les volets, dit-il; si la lune se levait on verrait du dehors que les volets sont restés ouverts, et cela paraîtrait suspect.

GRIBOUILLE.

Où allez-vous passer la nuit, brigadier?

LE BRIGADIER.

Sur une chaise, mon ami; je ne suis pas ici pour dormir, mais pour veiller.

GRIBOUILLE.

Je resterai sur une chaise près de vous; je n'ai pas envie de dormir.

LE BRIGADIER.

Couche-toi, au contraire; il est inutile de te fatiguer à veiller.

GRIBOUILLE.

Vous veillez bien, vous!

LE BRIGADIER.

J'y suis habitué, moi. D'ailleurs, je veille pour mon devoir....

GRIBOUILLE.

Et pour ma sœur, comme moi; ne suis-je pas aussi son frère, moi? Ne dois-je pas vous aider à veiller pour elle? Et ne faut-il pas que je sois là pour raconter à Caroline ce que vous aurez fait et comment vous aurez pris Michel?

LE BRIGADIER.

Fais comme tu voudras, mon ami; je n'ai pas le courage de m'opposer à ce que tu désires si vivement.

GRIBOUILLE.

Merci, brigadier; je vois de plus en plus que vous êtes mon vrai ami; vous me laissez faire seulement quand il faut; et vous faites bien, car j'ai dans le cœur ou dans l'esprit, je ne sais pas distinguer, quelque chose qui m'avertit que je vous serai utile cette nuit.

LE BRIGADIER.

Mon bon Gribouille, tu me seras toujours utile, puisque tu me prouves ton amitié en veillant avec moi.

GRIBOUILLE.

Tiens! ça vous fait donc quelque chose que je vous aime?

LE BRIGADIER.

Non, pas quelque chose, mais beaucoup; moi, qui me suis trouvé orphelin dans mon enfance et qui n'ai jamais rencontré un véritable ami qui m'aimât réellement, je suis très-touché de l'amitié que tu me témoignes, mon pauvre Gribouille, tout jeune que tu es. »

XXVII

Dévouement.

Comme il finissait ces mots, dits à voix basse, de même que tout ce qu'ils avaient dit précédemment, la porte en face d'eux, qui était celle du lavoir, s'ouvrit avec précaution; un homme, portant une lanterne sourde, entra à pas de loup; la porte ouverte laissait pénétrer assez de lumière pour que le brigadier eût reconnu Michel. Gribouille se serra contre le brigadier, qui n'avait pas bougé. Avant de s'engager plus avant dans la chambre, et aussi pour reconnaître la place du meuble qui devait contenir le petit trésor de la pauvre Caroline, Michel dirigea la lumière de sa lanterne sourde du côté où se trouvait le brigadier, il l'aperçut, et, poussant un cri de rage, il dirigea le canon d'un pistolet qu'il tenait à la main sur le brigadier, qui allait s'élancer pour le saisir. Gribouille, devinant l'intention de Michel, se jeta sur le brigadier, préservant de son corps la poitrine de son ami; avant que le brigadier eût pu prévoir et prévenir ce mouvement, le coup partit et Gribouille tomba.

« Je l'ai sauvé ! s'écria-t-il en tombant. Caroline, je l'ai sauvé !

— Gredin ! s'écria en même temps le brigadier, qui s'élança à la poursuite de Michel.

Il ne tarda pas à le rejoindre ; car Michel, dans sa frayeur, avait fait fausse route et s'était engagé dans le jardin entouré d'une haie d'épines ; il voulut se défendre avec un couteau qu'il dégagea de sa ceinture ; mais le brigadier lui asséna sur la tête un coup de poing qui l'étourdit et l'étendit par terre.

« A moi ! camarade, cria le brigadier en maintenant Michel avec un genou appuyé sur sa poitrine ; à moi ! Des courroies pour lier le brigand ! Je le tiens ! »

Le camarade n'avait rien vu, mais le bruit du coup de pistolet l'avait attiré dans la chambre, où il avait trouvé Gribouille inondé de sang, et souriant malgré sa blessure.

« Je l'ai sauvé ! dit-il d'une voix étranglée ; j'ai sauvé mon ami ! Je suis bien content... Il appelle ! entendez-vous ? Il appelle !... Vite, allez ! Laissez-moi ; allez ! »

Le gendarme, éclairé par la lanterne sourde que Michel avait laissée tomber dans sa fuite, essayait de soulever Gribouille pour le déposer sur un lit, quand il entendit l'appel du brigadier. Remettant doucement à terre le pauvre blessé, il se dirigea du côté où se faisait entendre la voix de son chef et les malédictions de Michel, revenu de son étourdissement.

En cinq minutes, Michel fut garrotté et laissé sous la garde du gendarme. Le brigadier courut au secours de Gribouille. Il ouvrit tous les volets pour laisser entrer le demi-jour que donnait la lune ; elle venait de se dégager des nuages qui la cachaient.

Je l'ai sauvé! s'écria-t-il en tombant. (Page 347.)

L'appartement se trouvait suffisamment éclairé pour que le brigadier donnât à Gribouille les soins qu'exigeait son état. Il l'enleva avec précaution, pour ne pas provoquer l'écoulement du sang, le déposa sur le lit qui avait reçu le dernier soupir de la femme Thibaut, lui enleva ses habits imprégnés de sang et banda fortement sa blessure avec son mouchoir. Lorsque le sang cessa de couler, Gribouille, qui s'était évanoui, reprit connaissance. En ouvrant les yeux, il aperçut le visage ému et consterné de son ami penché sur lui et bassinant ses tempes et son front avec de l'eau fraîche, seule chose qu'il eût pu trouver dans cette maison si récemment inhabitée.

« Brigadier.... je suis content.... je vais mourir.... C'est pour vous.... je suis heureux !... je vous aime bien.... dit-il d'une voix haletante.

— Tais-toi ! pour Dieu ne parle pas ! Chaque parole que tu dis fait couler ton sang.... Gribouille ! mon ami ! mon pauvre ami ! quel dévouement !... quel courage !... Que faire, mon Dieu, pour te secourir ? Je ne puis te laisser seul ! je ne puis laisser Michel sans surveillance ! »

Le pauvre brigadier, en proie à la plus vive émotion et à la plus terrible inquiétude qu'il eût éprouvées de sa vie, tortillait sa moustache, réfléchissait sans rien trouver et priait Dieu de lui envoyer une bonne inspiration. Elle vint, cette bonne inspiration : un rayon de joie éclaira son visage ; il courut à la fenêtre et l'ouvrit.

« Prévôt ! cria-t-il, amène ici ton prisonnier ; s'il fait du train, bâillonne-le.

PRÉVÔT.

Je crois bien qu'il en fait ; il jure comme un templier.

LE BRIGADIER.

Bâillonne-le et traîne-le jusqu'ici. »

Prévôt ne se le fit pas dire deux fois ; il comprima la bouche du prisonnier avec son mouchoir et le traîna plus qu'il ne le porta, jusque dans la salle où était Gribouille mourant, sous la garde de son ami.

PRÉVÔT.

Où faut-il le mettre, brigadier ?

LE BRIGADIER.

Par terre, comme un chien qu'il est. Va vite à la prison, raconte à M. le curé le malheur qui vient d'arriver ; prie-le de venir vite, puis cours chercher le médecin et amène-le de gré ou de force. Pars, je réponds de l'assassin.

Le gendarme parti, le brigadier s'approcha de Michel, examina les liens qui l'attachaient, les resserra et le poussant du pied il le fit reculer jusqu'au mur du fond de la chambre. Michel roulait des yeux terribles, mais le brigadier ne le regarda même pas. Il revint s'asseoir près du lit de son pauvre ami blessé et se plaça de façon à avoir l'œil sur le prisonnier en même temps qu'il ne perdît pas Gribouille de vue.

« Je voudrais.... voir.... monsieur le curé, dit Gribouille.

LE BRIGADIER.

Il va venir, mon cher ami; je l'ai envoyé chercher.

GRIBOUILLE.

Merci.... Quand il fera.... jour.... je voudrais voir.... Caroline.

LE BRIGADIER.

J'irai la chercher et je te l'amènerai moi-même.

GRIBOUILLE.

Vous ne.... l'abandonnerez pas.... brigadier.... Vous serez.... son frère.... à ma place.... vous ne la.... quitterez jamais.... Dites.... mon ami.... dites?

LE BRIGADIER, *avec feu.*

Jamais, jamais, je te le jure! à moins qu'elle-même ne le veuille pas.

GRIBOUILLE.

Elle.... le voudra bien.... elle vous.... aime.... bien.... je l'ai bien vu.... elle souriait toujours.... quand.... je lui.... disais.... que vous viendriez.... la voir....

LE BRIGADIER.

Gribouille, tu parles trop! tu feras saigner ta blessure.

GRIBOUILLE.

Non.... non.... ça me fait.... du bien.... de dire.... ce que j'ai dit.... Pauvre Caroline! vous lui direz.... de ne pas pleurer.... que vous.... l'aimerez bien.... que vous serez.... son frère.... N'oubliez pas.... »

Gribouille ferma les yeux; le brigadier le contemplait avec attendrissement.

« Jamais, se dit-il, jamais je ne me suis senti aussi ému, aussi troublé! Pour un rien, je pleurerais comme un enfant. Ce pauvre garçon! se jeter entre moi et le feu qu'il voyait venir! Donner sa vie pour sauver la mienne! Pauvre garçon! où trouverai-je un ami pareil?... Il me demande de ne pas quitter sa pauvre sœur! Certainement, je me dois à elle pour compenser autant qu'il est en moi la perte qu'elle fait aujourd'hui! Et puis quelle piété! quelle douceur! quelle bonté! et quel dévouement pour son frère! Quel ordre dans son ménage, dans ses dépenses! quelle modestie dans sa toilette!

— Brigadier.... dit Gribouille en s'éveillant, j'ai vu maman.... elle m'attend.... comme l'autre jour.... elle vous fait dire.... qu'elle vous bénit.... que vous serez.... son fils.... et.... mon frère.... car vous serez.... mon frère.

LE BRIGADIER.

Oui, mon bon Gribouille, je serai et je suis ton frère; mais ne parle pas, tu te fais mal.

GRIBOUILLE.

Non, non.... quand.... j'aurai vu.... Caroline.... je pourrai.... mourir. »

Le brigadier tressaille, Gribouille sourit.

GRIBOUILLE.

Pourquoi.... avez-vous peur?... Je suis content.... de mourir.... ça ne fait pas.... de mal.... On est si bien.... là-haut.... Maman.... est si heureuse et si belle.... ils sont tous.... comme des soleils. Il n'y a que.... Jacquot.... qui est sale.... et laid.... oh! mais laid.... on le chasse toujours.... je riais.... tout à l'heure.... il avait l'air.... si en colère!...

Et Gribouille sourit encore au souvenir de la laideur et de la fureur de Jacquot.

La porte s'ouvrit et le curé entra tout ému.

« C'est donc vrai, mon pauvre Gribouille? dit-il en approchant du lit du mourant.

GRIBOUILLE.

Pas pauvre.... très-heureux..... monsieur le curé.... pensez donc!... je l'ai sauvé..... Quel bonheur!... Caroline..... ne sera pas seule..... le brigadier m'a promis.... N'est-ce pas.... mon frère?

LE BRIGADIER.

Oui, mon ami; et devant M. le curé, je te renouvelle cette promesse qui fera mon bonheur, d'être, non pas le frère, c'est impossible, mais le mari de Caroline, ta bonne, excellente et sainte sœur.

GRIBOUILLE.

Son mari!.... c'est vrai.... c'est encore mieux!... Il y aura.... une noce.... j'y serai.... avec maman.... mais on ne nous.... verra pas.... J'y serai.... bien sûr.... et je vous.... protégerai.

— Brigadier, dit le curé, profitez de ce que je suis ici pour aller chercher deux de vos hommes pour emporter votre prisonnier, j'irai le voir dans sa prison. Prévôt ne va pas tarder à amener le médecin; c'est moi qui garderai Gribouille. »

Le brigadier sortit avec précipitation, alla chercher deux gendarmes et revint avec eux pour leur livrer Michel et leur recommander de le surveiller de près, afin qu'il ne pût s'échapper. Les gendarmes attachèrent une corde au bras de Michel, lui délièrent les pieds, et, tenant chacun le bout de cette corde, ils le firent marcher, après l'avoir débâillonné. Il ne quitta pas la maison sans avoir vomi quelques injures au brigadier, au curé, à Gribouille, qui avait préservé ce brigadier que lui, Michel, haïssait, et surtout à Rose, dont il ignorait la mort et qu'il devinait l'avoir trahi.

LE BRIGADIER.

Nous voilà débarrassés de la présence de ce monstre, dont la vue m'étouffait. Si jamais j'ai senti de la haine contre quelqu'un, c'est contre cet assassin de mon pauvre Gribouille.

LE CURÉ.

Mon cher enfant, si vous voulez devenir un bon et vrai chrétien, il faut apprendre à pardonner à tous ses ennemis.

LE BRIGADIER.

Pardonner à l'assassin de mon frère et de mon ami! c'est, je le crains, au-dessus de mes forces.

LE CURÉ.

Vous y arriverez, mon ami, quand vous aurez sous les yeux l'exemple de la charité inépuisable de celle que vous nommiez tout à l'heure la *sainte* Caroline.

LE BRIGADIER.

Oui, monsieur le curé, oui; vous lui direz qu'elle me rendra meilleur, que j'ai besoin de son aide pour le devenir.

LE CURÉ.

Je le lui dirai, mon ami; mais je crois qu'elle ne vous trouve pas trop mauvais tel que vous êtes.

Le médecin, si impatiemment attendu, arriva enfin. Il prit la main du blessé, se rapprocha pour écouter sa respiration, et examina la blessure.

« Le visage n'est pas mauvais, dit-il ; tout dépend de la profondeur de la plaie. S'il n'y a pas de prédisposition morbide, nous pourrons arriver à une solution heureuse.

LE CURÉ.

Monsieur Tudoux, de grâce, dissipez nos incertitudes sans perdre de temps, et pansez la plaie du pauvre Gribouille.

MONSIEUR TUDOUX.

Vous êtes impatients ; cela se comprend. Voyons la blessure et suivons le trajet de la balle. »

Il tira ses outils, sonda la plaie et trouva que la balle s'était arrêtée dans la colonne vertébrale, d'où il était impossible de l'extraire. Il jeta au brigadier un regard significatif et lui dit tout bas : « Il est perdu ; il ne passera pas la journée ; que M. le curé le confesse et qu'on fasse les volontés du blessé ; tout ce qu'il voudra : qu'il parle, qu'il se taise, qu'il boive, qu'il mange, rien n'y fera. »

Le brigadier jeta un regard douloureux sur le pauvre Gribouille, qui avait conservé son air calme et souriant.

MONSIEUR TUDOUX.

Souffrez-vous, jeune homme?

GRIBOUILLE.

Un peu, pas beaucoup; seulement dans le dos, quand je me remue.

MONSIEUR TUDOUX.

Votre esprit est-il tranquille ? N'avez-vous rien qui vous inquiète, qui vous agite ?

GRIBOUILLE.

Non, non.... je suis très-content.... j'ai sauvé mon ami.... Croyez-vous que je vais mourir ?

MONSIEUR TUDOUX.

Je ne puis rien affirmer; peut-être pourrez-vous en revenir.

GRIBOUILLE.

Vous croyez ?... Eh bien ! moi je dis.... que je serai mort.... aujourd'hui.... J'ai vu maman.... Elle me l'a dit.... Les anges.... me l'ont dit aussi.... Je suis très-content.... Je voudrais voir.... Caroline... Voici le jour.... brigadier, mon frère.... dites-lui.... qu'elle vienne.... je veux lui parler.... et l'embrasser.

LE BRIGADIER.

Ne serait-il pas mieux, monsieur le curé, que ce fût vous qui alliez chercher et prévenir la pauvre Caroline ? Je resterais ici, près de Gribouille.

LE CURÉ.

Tout à l'heure; laissons à Caroline une heure de repos encore. Je vais rester près de ce pauvre enfant; j'ai à causer avec lui; éloignez-vous, brigadier, ce que j'ai à dire et à entendre doit rester entre lui et moi.

Le brigadier s'éloigna avec le médecin, qu'il reconduisit pour le questionner sur l'état de Gribouille. M. Tudoux persista à dire que la journée ne se passerait pas sans qu'il fût rappelé pour constater le décès; que le blessé allait tomber bientôt dans un assoupissement entrecoupé de légères convulsions, et que la mort serait douce et prompte.

XXVIII

Mort de Gribouille et consolation.

Le brigadier fut douloureusement impressionné de l'arrêt du médecin; il aimait Gribouille et il était profondément touché du dévouement si affectueux de ce pauvre garçon. De plus, il redoutait pour Caroline le chagrin que lui causerait ce cruel événement. « Elle me l'avait confié, se dit-il; je devais le lui rendre en bonne santé, tel qu'elle me l'avait donné; elle va le retrouver blessé et mourant. Et il meurt pour moi; il meurt pour m'avoir sauvé ! »

Il resta près d'une heure plongé dans ces pénibles réflexions; il marchait en long et en large à pas précipités devant la maison où son jeune ami recevait les dernières consolations du curé; de temps en temps, il essuyait ses yeux humides, puis il souriait à l'espoir d'être admis à consoler et protéger Caroline pendant le reste de sa vie. Il s'entendit appeler par le curé; il entra et fut effrayé de la contraction des traits de Gribouille.

« Il est temps, dit le curé, je vais chercher notre pauvre Caroline. Gardez-le, son âme est pure, et il semble avoir retrouvé la clarté d'intelligence qui lui manquait. »

Le brigadier s'assit près de son ami, qui lui tendit la main en souriant.

« Mon ami, dit le mourant, je vais mieux...; j'étouffe moins; il s'est fait dans ma tête je ne sais quel travail; je sens mieux encore le bonheur de mourir pour vous; il me semble que je rends à ma chère Caroline tout ce qu'elle a fait pour moi.... La pensée de la laisser entre vos mains me rend douce la séparation.... qui ne sera pas longue.... car vous viendrez me rejoindre près du bon Dieu, et près de maman qui m'attend.... Restez là, près de moi, mon ami.... ne me quittez plus.... ce ne sera pas long. »

Le brigadier prit les mains que lui tendait Gribouille et les serra dans les siennes. Une demi-heure s'était à peine écoulée depuis le départ du curé, quand la porte se rouvrit, et Caroline, pâle, baignée de larmes, entra précipitamment, et se jetant à genoux près du lit de mort, entoura son frère de ses bras tremblants. Ses sanglots l'empêchaient d'articuler une parole. Gribouille lui rendit ses baisers et lui dit en souriant :

« Ne pleure pas, Caroline; je suis content, je suis heureux; tu sais que j'avais envie de mourir;

je ne te laisse pas seule ; je te donne au frère de mon cœur…. Je te le demande, ma sœur chérie, sois sa femme ; il te le demande aussi ; promets-le-moi, Caroline. Mon ami, dites-lui…. Caroline, je vais mourir ; dis oui. »

Le brigadier s'était approché de Caroline, qui pour toute réponse lui tendit une de ses mains, pendant que Gribouille retenait l'autre dans les siennes.

« Caroline, dit le brigadier d'une voix émue, je jure à mon pauvre frère mourant de vous consacrer ma vie et de faire de votre bonheur ma principale et ma plus chère occupation.

— Caroline, tu ne dis rien, reprit Gribouille avec inquiétude ; dis, l'aimes-tu, seras-tu sa femme ?

— Je l'aime et je serai sa femme, répondit Caroline d'une voix à peine intelligible.

— Merci, Caroline, merci…. adieu, ma sœur…. bénis-moi…. Adieu, mon frère…. M. le curé…, où est-il ?… Je ne vois plus bien.

— Ici, près de vous, mon enfant, » dit le curé, qui avait suivi Caroline et qui préparait les saintes huiles pour la dernière cérémonie de l'extrême-onction.

Gribouille semblait retrouver l'intelligence dont il avait été privé ; il manifesta les meilleurs sentiments religieux, continua à consoler Caroline et le brigadier, et demanda M. Delmis ; le brigadier s'empressa de satisfaire au vœu du mourant.

Quand il apprit au maire l'événement terrible de la nuit et le désir de Gribouille, M. Delmis se hâta de suivre le brigadier. Gribouille vivait et parlait encore, mais sa respiration devenait plus précipitée, sa parole était plus lente, la voix était plus faible. Il reconnut M. Delmis.

« Merci, monsieur.... merci.... d'être venu.... Je vous aimais.... je vous ai.... souvent.... impatienté.... pardon.... pardon.... Demandez.... à madame.... qu'elle me pardonne.... Donnez-moi.... votre main.... en signe.... de pardon. »

M. Delmis, trop ému pour répondre, lui tendit la main sans parler; Gribouille la porta à ses lèvres, la baisa à plusieurs reprises; puis il prit celle de Caroline et du brigadier qu'il réunit dans les siennes et qu'il baisa également.

« A présent.... c'est fini.... dit-il d'une voix haletante; le bon Dieu!... mettez sur mes lèvres.... le crucifix.... de maman.... C'est bien.... Adieu.... à revoir.... Caroline.... mon frère.... monsieur le curé.... monsieur Delmis.... Jésus!... Seigneur!... Je viens.... maman.... je viens!...

Gribouille poussa un soupir, serra convulsivement le crucifix contre son cœur et rendit à Dieu son âme innocente.... Tous étaient restés à genoux près du lit du pauvre agonisant; quelques minutes se passèrent pendant lesquelles on n'entendit que les sanglots de Caroline et les prières du curé, aux-

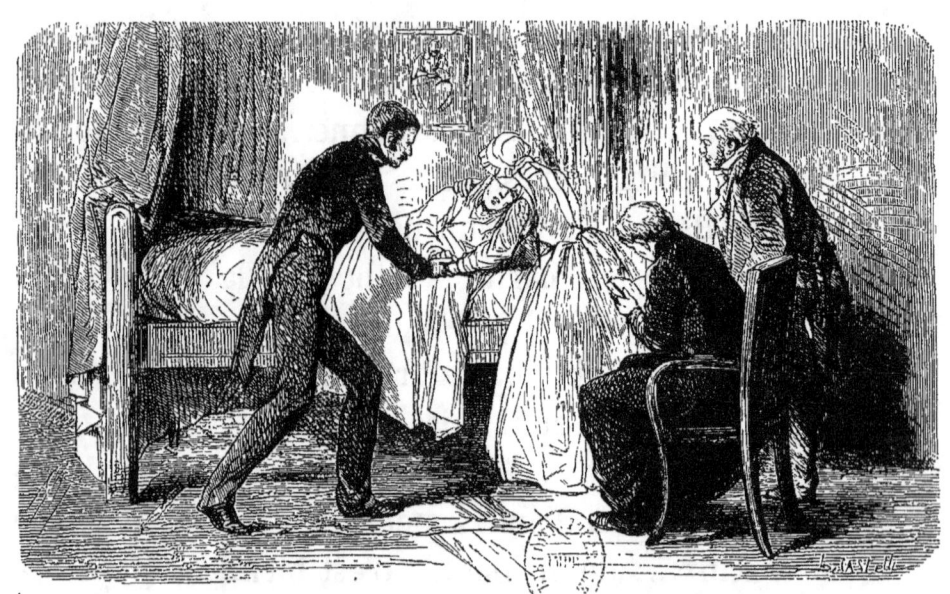

Puis il prit celle de Caroline et du brigadier, qu'il réunit dans les siennes. (Page 364.)

quelles se joignirent M. Delmis et le brigadier. Le curé se releva, regarda avec attendrissement le vi-

sage doux et calme du défunt, donna à ce corps sans vie une dernière bénédiction, et relevant Caroline, il la remit entre les mains du protecteur que lui léguait le frère qu'elle avait tant aimé. Elle ne résista pas au mouvement du curé, et après avoir donné un dernier baiser et un dernier regard au pauvre Gribouille, elle se laissa tomber presque inanimée dans les bras du seul ami qui lui restait.

« Monsieur le curé, que faire de cette pauvre enfant? dit le brigadier d'une voix concentrée. Je ne puis l'emmener chez moi, et pourtant elle ne peut pas rester ici.

— Profitez de son évanouissement pour la porter

dans le jardin, à l'air, répondit le curé; quand elle sera un peu remise, je l'emmènerai chez moi.

LE BRIGADIER.

Merci! monsieur le curé, cent fois merci! Où peut-elle être mieux que chez vous? Ce que vous faites pour elle, c'est aussi pour moi que vous le faites, et je vous en serai reconnaissant jusqu'à la fin de ma vie.

LE CURÉ.

Vous me prouverez votre reconnaissance en la rendant heureuse et en aimant bien le bon Dieu, mon ami.

LE BRIGADIER.

Je vous en donne ma parole de soldat, monsieur le curé. »

Le brigadier emporta Caroline entièrement privée de sentiment; il la déposa sur un banc de gazon du jardin et lui mouilla le front et les tempes avec de l'eau fraîche. Quand elle revint à elle, ses larmes recommencèrent à couler, mais douces et consolantes, car la mort de Gribouille n'avait eu rien d'amer ni de cruel : il avait désiré mourir; il mourait heureux d'avoir donné sa vie pour son ami et il laissait sa sœur aux mains d'un brave et honnête homme, dont le cœur dévoué et aimant remplacerait largement celui qui lui était enlevé.

Le brigadier la consola doucement et affectueusement; il lui raconta les détails qu'elle ignorait la blessure et le dévouement courageux de son frère ; il lui parla de leur avenir, de l'offre pater-

nelle du bon curé et lui renouvela la promesse de se dévouer entièrement à son bonheur. Il réussit à calmer la première violence de son chagrin ; l'âme douce et tendre de Caroline reçut facilement les impressions consolantes de son nouvel ami, et elle se trouva bientôt en état de marcher appuyée sur le bras du brigadier.

« Je voudrais, lui dit-elle, dire un dernier adieu

à mon frère ; ce sera un grand adoucissement à ma douleur.

LE BRIGADIER.

Ma pauvre Caroline, je crains que l'émotion ne vous replonge dans l'état dont vous sortez.

CAROLINE.

Ne le craignez pas ; la première terrible secousse est passée ; il me semble que l'âme de mon frère repose près de moi et me soutient ; il m'obtiendra du bon Dieu le courage de supporter la séparation. Ayez confiance en moi, mon ami ; ne suis-je pas habituée à me résigner ?

LE BRIGADIER.

Venez, chère enfant, venez ; allons embrasser une dernière fois notre frère. »

Le brigadier la ramena dans la chambre où le curé priait pour l'âme qui venait de rentrer dans le sein de Dieu. M. Delmis avait quitté la maison. Caroline marcha d'un pas ferme vers le lit, se pencha sur le visage souriant de son frère, déposa sur son front et sur ses joues décolorées plusieurs tendres baisers, pria quelques instants agenouillée près de lui, et se releva au moment où le brigadier commençait à s'inquiéter de son immobilité.

« Partons, dit-elle, le visage baigné de larmes, mais calme et résignée. Monsieur le curé, je suis prête à me rendre chez vous ; seulement, dites-moi qu'est-ce qui restera près de mon frère ?

— Ce sera moi, dit le brigadier.

— Ce sera Nanon qui en a l'habitude, dit le curé ; si on a besoin de votre aide, on vous appellera, brigadier. »

Le brigadier accompagna le curé et Caroline jusqu'à la porte, les suivit longtemps des yeux et revint près du lit de Gribouille ; il le baisa au front.

« Adieu, pauvre enfant, pauvre frère, dit-il en le contemplant ; tu m'as aimé pendant ta vie, tu m'as plus aimé encore à la mort, puisque, après t'être dévoué pour me sauver, tu m'as légué ta sœur, trésor de bonté, de sagesse, de piété. — Mon frère, obtiens aussi pour moi ces vertus qui me la rendent si chère, afin que je puisse mériter son estime et sa tendresse. Adieu, pauvre ami. Veille sur nous, prie pour nous. »

Le brigadier sentit un calme extraordinaire renaître dans son âme ; il pria doucement et sans amertume. Nanon ne tarda pas à le rejoindre.

« Encore un mort à ensevelir, dit-elle, en entrant, d'un air grondeur ; pourquoi l'avez-vous laissé tuer ? N'étiez-vous pas là pour le défendre, ce pauvre innocent ?

LE BRIGADIER.

C'est le bon Dieu qui a fait l'affaire et non pas moi, qui aurais volontiers reçu la balle pour la lui éviter"

NANON.

Quel besoin aviez-vous de l'emmener avec vous ?

Ça a-t-il du bon sens? Emmener un pauvre enfant à la poursuite d'un brigand, d'un assassin!

LE BRIGADIER.

C'est lui qui a voulu venir; il m'aimait, il n'a pas voulu me quitter.

NANON.

Belle raison! Un gendarme qui cède aux volontés d'un enfant! C'est à faire pitié, en vérité.

LE BRIGADIER.

Voyons, Nanon, vous n'êtes pas ici pour me quereller, mais pour m'aider à rendre les derniers devoirs au pauvre Gribouille.

NANON.

Vous n'y toucherez pas; vous ne feriez que me gêner. Est-ce que vous y entendez quelque chose, vous? Donnez-moi ce qu'il me faut.

LE BRIGADIER.

Que vous faut-il? dites-le, si vous voulez l'avoir, dit le brigadier avec un commencement d'impatience.

NANON.

Tiens, vous n'êtes pas plus savant que cela? laissez-moi me servir moi-même; j'aurai plus tôt fini.

Ces gendarmes, ça n'est bon qu'à arrêter le pauvre monde.

— Que le diable vous emporte! vieille grognon, s'écria le brigadier à bout de patience. Faites à votre tête et appelez-moi quand vous aurez fini.

— Plus souvent que je t'appellerai, gendarme de malheur, » grommela entre ses dents Nanon, irritée de l'apostrophe du brigadier.

Quand il fut sorti, elle continua, tout en préparant les objets nécessaires.

« Ça a-t-il du bon sens ? Un homme de trente ans qui fait tuer un enfant à sa place ! Ce pauvre innocent ! Le faire marcher au feu, comme s'il était un gendarme. Ces gens-là, ça n'a pas de cœur ! Et cette pauvre Caroline ! la voilà dans une belle position ! Plus de frère ! Plus personne ! Si ce brigadier avait pour deux sous d'imagination, il lui donnerait tout ce qu'il possède.... C'est que M. le curé est capable de la garder !... Ce serait une jolie charge pour moi ! Comme si je n'avais pas assez de M. le curé, qui ne pense à rien, et de sa Pélagie, qui ne fait rien que prier. Prier ! c'est bon quelquefois ! Elle fait bien la cuisine quand je n'y suis pas, elle fait la lessive, elle savonne, elle repasse, elle raccommode ! par exemple, elle coud bien ! elle fait on ne peut mieux les soutanes et le linge de M. le curé ! La dernière robe qu'elle m'a faite n'allait pas mal non plus. Mais qu'est-ce que tout cela auprès de ce que je fais, moi ? »

Tout en grondant, Nanon terminait l'ensevelissement du pauvre Gribouille ; elle le posa sur le lit garni de draps blancs ; elle alluma deux cierges qu'elle avait apportés, mit dans les mains du défunt le crucifix qui reposait sur sa poitrine. Puis, elle s'établit dans un fauteuil et attendit deux voisines qu'elle avait, en passant, convoquées pour veiller près du mort. Les voisines arrivèrent, et, après quelques commérages et quelques observations banales, elles tirèrent des poches de leurs tabliers les provisions de café, de sucre, d'eau-de-vie et de pain qu'elles avaient jugées nécessaires pour passer la nuit.

Le brigadier, qui se promenait toujours en long et en large dans le jardin, trouvait que Nanon mettait bien du temps à sa triste opération; il perdit enfin patience et rentra dans la maison. Sa surprise fut grande de trouver les trois femmes établies dans des fauteuils et causant paisiblement des événements récents.

« C'est ainsi que vous m'avertissez, Nanon! dit-il d'un air mécontent.

— Puisque nous sommes déjà trois, on n'a pas besoin de vous, que je pense. »

Le brigadier leva les épaules, s'approcha de Gribouille enveloppé dans son linceul, et, fléchissant le genou, il récita une courte prière pour le repos de l'âme de son ami. Puis, se relevant, il sortit sans mot dire et alla à la prison voir ce qui s'y passait. D'après ses ordres, on avait été chercher le juge de paix pour faire une enquête sur le double meurtre commis par Michel ; on attendait le magistrat chargé

Il trouva les trois femmes établies dans des fauteuils, (Page 374.)

de l'instruction du procès, et l'ordre de transférer le meurtrier au chef-lieu du département.

Tout se fit selon la marche régulière des lois. Michel fut interrogé; les deux assassinats furent constatés et le coupable fut emmené, bien garotté.

Le jugement ne tarda pas à avoir lieu. L'assassin fut condamné à mort et exécuté dans le plus court délai; il mourut en vrai brigand, refusant de répondre au prêtre qui l'accompagna jusqu'au lieu du supplice et n'inspirant que du mépris et du dégoût.

Pendant que le brigadier faisait les affaires de son service, les commères ne laissaient pas moisir leur langue. Aussitôt que le brigadier fut sorti, elles se regardèrent avec un malin sourire.

NANON.

Avez-vous vu? Le brigadier qui s'est agenouillé près du cadavre de l'innocent qu'il a laissé périr!

PHRASIE.

Je me suis laissé dire qu'il l'avait jeté au devant du pistolet de Michel.

NANON.

Ma foi! je n'en jurerais pas! Un gendarme, ça n'a pas de cœur, c'est capable de tout!

LOUISON.

Ce brigadier n'est tout de même pas mauvais; Rose n'a pas eu à s'en plaindre, le jour qu'il l'a arrêtée par méprise.

PHRASIE.

Je n'ai jamais compris ce qui leur avait pris ce jour-là, et pourquoi elle se sauvait.

Nanon leur expliqua longuement et à sa manière ce qui s'était passé à cette occasion ; Phrasie et Louison ne trouvaient pas clair ce récit embrouillé, mais elles firent comme si elles avaient compris, de peur de l'irriter. Elles trempèrent une croûte dans de l'eau-de-vie mélangée d'eau, et reparlèrent de Rose et de Michel.

LOUISON.

En voilà encore une triste histoire ! Et dire que je l'avais avertie, cette pauvre Rose, et qu'elle n'a pas voulu m'écouter ! Toujours courir après ce Michel, ce vaurien, qui ne vivait que de vols et de brigandages. Elle l'aimait, faut croire.

PHRASIE.

Bah ! laissez donc, elle savait qu'il avait un magot ; elle a voulu se faire épouser. C'était sa marotte de se faire épouser ; personne n'en voulait.

NANON.

Ce n'est pas étonnant ! Une grosse rouge, pas le sou, faisant de la toilette comme une princesse, mauvais cœur, méchante langue, vieille et sotte. Tout ça ne fait pas une belle dot, que je pense.

LOUISON.

Mes bonnes amies, voici l'angelus qui sonne ; il serait bon, à mon avis, de faire une prière près de ce pauvre corps qui est là, couché sur son lit de mort.

NANON.

Allez-y, Louison ; nous irons chacune notre tour.

Pendant que Louison, la moins mauvaise des trois, marmottait aux pieds du lit quelques prières qu'elle comprenait mal et qu'elle récitait plus mal encore, Nanon et Phrasie continuèrent leur conversation.

PHRASIE.

Et la petite Caroline, que va-t-elle devenir ? elle ne peut pas rester toute seule dans cette maison.

NANON.

Elle va me retomber sur les bras, ma chère. M. le curé n'en fait pas d'autres ; il l'emmène chez nous ; on ne pourra plus s'en débarrasser.

PHRASIE.

Que vouliez-vous qu'il en fît ?

NANON.

Pardi ! la laisser à la charge du brigadier, qui avait laissé périr le frère.

PHRASIE.

Une jeune fille comme Caroline ne peut pas rester sous la garde d'un gendarme.

NANON.

Tiens, pourquoi pas ? A quoi c'est-il bon un gendarme, si ce n'est à garder le pauvre monde ?

PHRASIE.

Mais il est trop jeune, celui-là !

NANON.

Faut-il qu'un gendarme ait cent ans pour faire son service? Un métier de chien! courir jour et nuit, par la gelée, par la neige, par la pluie, par le vent, par le soleil, par la poussière! Passer des nuits immobile comme une borne à guetter des mauvais sujets, qu'on ne prend pas toujours ! Se laisser injurier, assommer, sans seulement rendre une sottise, une gourmade, un coup d'assommoir ! Vous croyez qu'il ne faut pas de force, de santé et de courage pour supporter cet ensemble de dégoûts? Croyez-vous qu'un gendarme à cheveux blancs ou sans cheveux résisterait à cette vie de triple galère?

PHRASIE.

Je ne dis pas; sans doute, vous avez raison; mais tout ça ne prouve pas que M. le curé aurait bien fait de laisser Caroline se faire cantinière d'un gendarme.

NANON.

Ma foi, je n'en sais rien; c'est un état comme un autre, et je ne l'aurais pas sur le dos !

Ces femmes étaient si acharnées à discuter l'avenir de Caroline, qu'elles ne virent pas la porte s'ouvrir, le curé entrer et s'agenouiller près de Gribouille, à côté de Louison, profondément endormie, la tête appuyée sur le matelas. Il avait entendu malgré lui une grande partie de la conversation, qui l'affligea en lui démontrant le mauvais vouloir de Nanon à l'égard de la pauvre Caroline. Il réfléchit à ce qu'il pouvait faire pour lui éviter les rudesses et les reproches indélicats de sa vieille servante. Il ne voyait pas d'autre maison que la sienne qui pût lui servir de refuge; M. Delmis l'aurait certainement recueillie avec empressement, mais sa femme rendait cet asile impossible. Après de longues et tristes réflexions, après avoir invoqué l'assistance de Dieu pour l'aider à prendre une décision, il eut la pensée subite de hâter le mariage de Caroline, afin de lui assurer sans plus tarder la protection que lui avait si ardemment souhaitée son frère.

Quand cette résolution fut arrêtée dans son esprit, il s'approcha des deux bavardes, auxquelles il apparut comme un revenant; elles poussèrent ensemble un cri qui réveilla en sursaut la vieille Louison. Toutes trois tombèrent à genoux dans leur terreur, qu'augmentait encore l'immobilité silencieuse du curé.

« Relevez-vous, pauvres folles, dit-il enfin; j'ai entendu votre sotte conversation. Nanon, votre mauvais caractère, votre esprit malveillant rendent difficile l'œuvre de charité que je voulais faire; et pour ne pas provoquer votre humeur et vos propos injurieux, je me bornerai à garder pendant quinze jours seulement la pauvre Caroline ; au bout de ce temps, je suivrai votre conseil et je la remettrai aux mains du brave brigadier qui a été, non pas l'assassin, comme vous le dites, mais l'ami du pauvre Gribouille. »

Les deux femmes levèrent sur le curé des yeux étonnés. Nanon voulut s'excuser, mais le curé sortit sans l'écouter.

« Eh bien ! en voilà d'une autre ! M. le curé qui va faire une inconvenance pareille ! qui va lâcher une jeune fille au travers d'une bande de gendarmes ! s'écria Nanon dès que la porte fut refermée..

— Et à qui la faute ? cria d'une voix aigre l'amie Phrasie ? N'est-ce pas vous qui le vouliez tout à l'heure ? Il faut croire que M. le curé la trouve plus en sûreté avec des hommes braves et honnêtes, que près d'une méchante langue comme vous.

NANON.

Méchante langue ! Ah ! c'est comme ça ? ah ! vous vous permettez de m'apostropher avec votre langue de vipère ? Vous ne l'emporterez pas en paradis, allez ! Jamais plus, au grand jamais, je ne vous appellerai pour veiller des morts !

PHRASIE.

Et qu'est-ce que ça me fait, moi ? Voilà-t-il pas un beau profit de passer une nuit en compagnie d'un mauvais caractère, d'un esprit malveillant, comme disait si bien M. le curé; car il l'a dit, il n'y a qu'un instant. »

Nanon allait répliquer, mais Louison leur fit honte de leur emportement en présence de la mort; elle réussit, après quelques tentatives infructueuses, à réconcilier les ennemies, et toutes trois se mirent d'un commun accord à veiller convenablement. La nuit se passa péniblement et tristement; elles étaient honteuses de leur violence. Nanon surtout regrettait les paroles que M. le curé avait entendues, et la colère à laquelle elle s'était livrée.

Le lendemain, des hommes préposés aux cérémonies des enterrements vinrent mettre le pauvre Gribouille dans le cercueil qui devait, jusqu'à la fin des siècles, contenir sa dépouille mortelle. On commença ensuite les préparatifs de l'enterrement, que le curé avait fixé au lendemain.

XXIX

L'enterrement et le mariage.

Le brigadier avait été occupé jusqu'à la nuit aux formalités voulues pour constater le crime et le décès. Quand sa tâche fut finie, il se dirigea vers le presbytère pour savoir des nouvelles de Caroline; il la trouva triste, laissant échapper de temps à autre une larme qui se faisait jour malgré tout son courage et sa résignation. Elle l'accueillit avec un doux sourire et reprit la conversation interrompue le matin; elle s'assura que son frère n'était pas seul, recueillit encore quelques détails oubliés sur ses pressentiments, ses visions de sa mère et des anges; elle sourit au souvenir de Jacquot et de la frayeur que témoignait Gribouille de ses mauvais propos. Le brigadier s'informa avec ménagement du jour et de l'heure de l'enterrement, et lui promit d'être à la tête du convoi. Le curé rentra et parla au brigadier de la nécessité de hâter son mariage et de procéder, aussitôt après l'enterrement de Gribouille, à la publication des bans et aux autres formalités nécessaires. Le brigadier regarda Caroline, pour deviner quelle était sa volonté.

« Je ferai ce que me conseillera M. le curé, dit-elle, répondant à son regard.

LE CURÉ.

C'est bien, mon enfant, je reconnais votre sagesse et votre douceur accoutumées ; nous allons tout arranger, moi et le brigadier.

CAROLINE.

Je désire seulement que tout se fasse sans fête et sans bruit, tout à fait entre nous, comme le comporte le deuil de nos cœurs.

LE BRIGADIER.

C'est ainsi que je l'entends moi-même, Caroline. Notre pauvre frère sera seul présent à notre mariage, comme il l'a dit en mourant. »

Caroline pleura, puis sourit. La journée du lendemain se passa comme celle de la veille, entre les larmes et le sourire.

Le jour de l'enterrement arriva. Une foule immense suivait le cercueil ; la mort du pauvre Gribouille avait fait sensation dans la ville, et chacun voulut rendre hommage à son généreux dévouement, en suivant ses restes jusqu'au lieu du repos. A la tête du deuil marchaient le brigadier et M. Delmis ; Caroline, retirée dans un coin de l'église, priait et pleurait ; mais elle se sentait fortifiée et consolée, comme si l'âme de son frère avait pénétré dans la sienne. Lorsque le cercueil quitta l'église pour se diriger vers le cimetière, Caroline le suivit de loin, et tombant à genoux près d'un arbre qui la masquait presque entièrement, elle versa des larmes abondantes à la pensée de la longue séparation que le bon Dieu lui imposait. Mais toujours soumise, toujours calme, elle remercia Dieu d'avoir accueilli son frère dans le séjour bienheureux et de lui avoir épargné de plus grandes et plus longues souffrances.

Pendant qu'elle priait et pleurait, elle se sentit doucement relever; c'était le curé et le brigadier qui l'avaient aperçue en quittant le cimetière et qui venaient l'arracher à sa douleur. Le brigadier avait encore l'œil humide; il releva sa fiancée sans parler, et, passant son bras sous le sien, il la ramena dans la demeure provisoire que lui avait assignée la douce charité du bon curé.

Les quinze jours qui précédèrent leur mariage se passèrent paisiblement; la vieille Nanon n'osait pas trop gronder, retenue qu'elle était par la crainte du brigadier, qui lui avait fait un « hem! » terrible un jour qu'elle commençait une légère attaque contre Caroline. Le jour du mariage fut aussi calme que les jours précédents; M. Delmis et un de ses amis servirent de témoins à Caroline; ceux du brigadier furent deux de ses camarades. Après la cérémonie, il y eut chez le curé un déjeuner pour les mariés et les témoins. On se sépara ensuite. Le brigadier et sa femme allèrent faire leur visite de noce à la tombe du pauvre Gribouille. Pendant que Caroline, agenouillée près de son mari, priait son frère de bénir leur union, tous deux sentirent un calme extraordinaire remplir leurs cœurs. Ils se communiquèrent cette impression.

« Ce sont les prières de mon frère, dit Caroline en pressant la main de son mari.

— Il avait promis de veiller sur nous, » dit le brigadier en retenant la main de sa femme.

Le brigadier emmena Caroline chez lui; elle s'occupa immédiatement à mettre de l'ordre dans le ménage; après y avoir passé quelques jours, ils résolurent de quitter cette demeure triste et trop resserrée et de s'installer dans la maison de Caroline.

« J'y aurai de doux souvenirs, mon ami, dit-elle à son mari; ils seront dénués de tristesse, car ceux que j'aimais y sont morts en bons chrétiens, comme ils avaient vécu. »

Caroline reprit son ancien état de couturière; l'ouvrage, loin de lui manquer, devint si abondant, qu'elle fut obligée d'avoir une, puis deux, puis plusieurs ouvrières. Leur ménage prospéra de toutes manières; Dieu bénit leur piété et leur tendresse en leur donnant plusieurs enfants qui, élevés en chrétiens par une mère et un père chrétiens, firent la joie et l'orgueil de leurs parents.

M. Delmis continua toujours à témoigner la même amitié à Caroline et à son mari, et à y venir souvent quand l'ouvrage de la journée était fini.

Mme Delmis ne pardonna jamais à Caroline de l'avoir quittée, après avoir été initiée dans les secrets intimes de sa toilette; ses enfants oublièrent promptement Caroline et Gribouille, quoiqu'ils eussent été très-impressionnés par la mort de ce dernier.

Mme Delmis ne tarda pas à se brouiller avec ses amies, Mme Grébu, Mme Ledoux et Mme Piron; toutes quatre se déchiraient à belles dents et s'injuriaient quand elles se rencontraient.

Rose avait été enterrée sans cérémonie dans le coin le plus reculé du cimetière, le curé seul et le brigadier avaient jeté de l'eau bénite sur sa tombe.

Le curé vécut longtemps encore; ce fut lui qui baptisa et maria les enfants de Caroline; l'humeur toujours plus aigre de Nanon l'obligea à s'en séparer; elle partit en grondant et se plaignant, et vécut dans sa famille d'une petite rente que lui faisait le bon curé. Pélagie prit le ménage à sa charge après le départ de Nanon; aidée de quelques journées d'ouvrières, la maison marcha mieux et surtout plus paisiblement qu'avec Nanon. Pélagie consacra sa vie à son oncle et ne lui survécut que de quelques mois.

La mémoire de Gribouillle et de son dévouement vit encore dans la ville de.... On voit sur l'emplacement de sa tombe une croix en pierre avec une inscription portant son nom, son âge et l'année de sa mort. Sans vouloir nommer cette ville, nous pouvons dire qu'elle se trouve en Normandie, à quelques lieues de Verneuil.

TABLE DES MATIÈRES.

		Pages.
A MA PETITE-FILLE, VALENTINE DE SÉGUR-LAMOIGNON		1
PRÉFACE		3
I.	Gribouille	5
II.	Promesse de Caroline	24
III.	Mort de la femme Thibaut	35
IV.	Obéissance de Gribouille	51
V.	Vengeance de Rose	62
VI.	Explications	79
VII.	Vaisselle brisée	97
VIII.	Les bonnes amies	113
IX.	Rencontre inattendue	132
X.	Premières gaucheries	152
XI.	Le beau dessert	162
XII.	Les serins	187
XIII.	La cage	196
XIV.	La cage (suite)	209
XV.	Pauvre Jacquot	215
XVI.	La découverte	227
XVII.	Un nouvel ami	237
XVIII.	Combat de Gribouille	243
XIX.	Les bonnes langues	262
XX.	Les adieux	267

		Pages.
XXI.	Le vol	274
XXII.	L'arrestation	287
XXIII.	Retour à la maison	296
XXIV.	Visite à la prison	308
XXV.	La servante du curé	325
XXVI.	Le pressentiment	335
XXVII.	Dévouement	346
XXVIII.	Mort de Gribouille et consolation	361
XXIX.	L'enterrement et le mariage	384

FIN DE LA TABLE DES MATIÈRES.

10215 — Imprimerie générale de Ch. Lahure, rue de Fleurus, 9, à Paris.

BIBLIOTHÈQUE ROSE ILLUSTRÉE
POUR LES ENFANTS ET POUR LES ADOLESCENTS
FORMAT IN-18 JÉSUS

On peut se procurer chaque volume, relié en percaline, tranches jaspées, moyennant 75 centimes ; en percaline, tranches dorées, moyennant 1 franc en sus du prix marqué.

Andersen : *Contes choisis*, traduits du danois. 1 vol. — 2 fr.

Anonyme : *Douze histoires pour les enfants de quatre à huit ans*, par une mère de famille. 1 vol. — 2 fr.
— *Chien et Chat*. 1 vol. — 2 fr.
— *Les enfants d'aujourd'hui*, par le même auteur. 1 vol. — 2 fr.
— *Les fêtes d'enfants*. 1 vol. — 2 fr.

Barrau : *Amour filial*. 1 vol. — 2 fr.

Bawr (Mme de) : *Nouveaux contes*. 1 vol. couronné par l'Académie française. 2 fr.

Belèze : *Jeux des adolescents*. 1 vol. 2 fr.

Berquin : *Choix de petits drames et de contes*. 1 vol. — 2 fr.

Boiteau (P.) : *Légendes recueillies ou composées pour les enfants*. 1 vol. 2 fr.

Carraud (Mme Z.) : *La petite Jeanne, ou le Devoir*. 1 vol.
Ouvrage couronné par l'Acad. française.
— *Historiettes véritables pour des enfants de quatre à huit ans*. 1 vol. — 2 fr.
— *Les métamorphoses d'une goutte d'eau*. — *Les aventures d'une fourmi*. 1 vol. 2 fr.

Castillon : *Récréations physiques*. 2 fr.

Catlin : *La vie chez les Indiens*, traduite de l'anglais. 1 vol. — 2 fr.

Cervantes : *Histoire de don Quichotte de la Manche*, édition à l'usage des enfants. 1 vol. — 2 fr.

Chabreol (Mme de) : *Jeux et exercices des jeunes filles*. 1 vol. — 2 fr.

Colet (Mme L.) : *Enfances célèbres*. 1 vol. — 2 fr.

Edgeworth (miss) : *Contes de l'adolescence*, traduits de l'anglais. 1 vol. 2 fr.
— *Contes de l'enfance*, traduits de l'anglais. 1 vol. — 2 fr.

Fénelon : *Fables*. 1 vol. — 2 fr.

Foë (de) : *Robinson Crusoë*, édition abrégée à l'usage des enfants. 1 vol. 2 fr.

Genlis (Mme de) : *Contes moraux*. 1 v. 2 fr.

Gouraud (Mlle Julie) : *Lettres de deux Poupées*. 1 vol. — 2 fr.
— *Les choses d'un petit garçon*. 1 vol. 2 fr.

Grimm (les frères) : *Contes choisis*, traduits de l'allemand. 1 vol. — 2 fr.

Stauff : *La caravane*, traduite de l'allemand. 1 vol. — 2 fr.
— *L'Auberge du Spessart*, traduite de l'allemand. 1 vol. — 2 fr.

Hawthorne : *Le livre des merveilles*, traduit de l'anglais. 2 vol. — 3 fr. Chaque volume se vend séparément.

Hervé et L. Lanoye : *Voyage sous les glaces du pôle arctique*. 1 vol. 2 fr.

Isle (Mlle Henriette d') : *Histoire de deux âmes*. 1 vol. — 2 fr.

Lanoye (Ferd. de) : *Les grandes scènes de la nature*. 1 vol. — 2 fr.
— *La mer polaire, Voyage de l'Erèbe et de la Terreur*. 1 vol. — 2 fr.

Le Sage : *Gil Blas*, édition destinée à l'adolescence. 1 vol. — 2 fr.

Mayne-Reid (le capitaine), Ouvrages traduits de l'anglais :
— *À fond de cale*. 1 vol. — 2 fr.
— *À la mer !* 1 vol. — 2 fr.
— *Le chasseur de plantes*. 1 vol. — 2 fr.
— *Le chasseur d'ours*. 1 vol. — 2 fr.
— *Les grimpeurs de montagnes*. 1 v. 2 fr.
— *Les exilés dans la forêt*. 1 vol. — 2 fr.
— *Les peuples étranges*. 1 vol. — 2 fr.
— *Les vacances des jeunes Boers*. 1 v. 2 fr.
— *Les veillées de chasse*. 1 vol. — 2 fr.
— *L'habitation du désert*. 1 vol. — 2 fr.

Pape-Carpantier (Mme) : *Histoires et leçons de choses pour les enfants*. 2 v. 2 fr.
Ouvrage couronné par l'Acad. française.

Perrault, et Mmes d'Aulnoy et Le Prince de Beaumont : *Contes de fées*. 1 vol. — 2 fr.

Porchat (J.) : *Contes merveilleux*. 1 v. 2 fr.

Ségur (Mme la comtesse de) : *La Sœur de Gribouille*. 1 vol. — 2 fr.
— *François le bossu*. 1 vol. — 2 fr.
— *Nouveaux contes de fées*. 1 vol. 2 fr.
— *Les bons enfants*. 1 vol. — 2 fr.
— *Les deux nigauds*. 1 vol. — 2 fr.
— *Les petites filles modèles*. 1 vol. — 2 fr.
— *Les malheurs de Sophie*. 1 vol. — 2 fr.
— *Les vacances*. 1 vol. — 2 fr.
— *Mémoires d'un âne*. 1 vol. — 2 fr.
— *Pauvre Blaise*. 1 vol. — 2 fr.
— *L'Auberge de l'Ange-Gardien*. 1 v. 2 fr.
— *Le vieux général Dourakine*. 1 vol. 2 fr.

Swift : *Voyages de Gulliver à Lilliput et à Brobdingnag*, traduits de l'anglais, édition à l'usage des enfants. 1 vol. 2 fr.

Vimont (Ch.) : *Histoire d'un navire*. 1 vol. — 2 fr.

Imprimerie générale de Ch. Lahure, rue de Fleurus, 9, à Paris.

www.ingramcontent.com/pod-product-compliance
Lightning Source LLC
Chambersburg PA
CBHW071914230426
43671CB00010B/1599